Geistig fit ins Alter

Gisela Baller

Geistig fit ins Alter

Spielerische Gedächtnisübungen zum Erhalt der geistigen Beweglichkeit

Senioren Verlag

Umschlaggestaltung Kalle Giese, Overath
Satz: Kalle Giese Grafik GmbH, Overath
Zeichnungen und Fotos: Jürgen Clemens, Bonn
Druck und Bindearbeiten: Bonner Universitäts-Buchdruckerei
ISBN 3-930973-00-6

»Man muß erst beginnen, sein Gedächtnis zu verlieren, und sei es nur stückweise, um sich darüber klar zu werden, daß das Gedächtnis unser ganzes Leben ist. . . . Unser Gedächtnis ist unser Zusammenhalt, unser Grund, unser Handeln, unser Gefühl.«

(Sacks 1987, S. 42)

Der irische Schriftsteller George Bernard Shaw (1856 bis 1959), der noch bis über neunzig Jahren mehrere Theaterstücke schrieb.

GLIEDERUNG

1. EINLEITUNG

Im Hinblick auf die Bevölkerungsentwicklung spielen ältere Menschen eine tragende Rolle in unserer Gesellschaft.

Der Begriff des »Alterns« nimmt stetig an Bedeutung zu. Bedingt durch den kontinuierlichen Anstieg des Anteils älterer Menschen an der Gesamtbevölkerung spielen alte Menschen eine tragende Rolle in unserer Gesellschaft.

Während im ausgehenden 19. Jahrhundert die Zahl der über sechzigjährigen ungefähr 5% der Bevölkerung ausmachten, ist in der Bundesrepublik Deutschland im Jahre 1990 der Anteil bereits auf 23% gestiegen. Bis zum Jahre 2030 wird ein weiterer Anstieg auf 40% erwartet. Insbesondere der Anteil der »Hochbetagten« – der über 80jährigen – nimmt ständig zu. Mit zunehmendem Lebensalter steigt auch die Häufigkeit altersbedingter Erkrankungen, wobei Depressionen und Hirnleistungsstörungen an erster Stelle stehen. Bei den 65jährigen leiden etwa 5% an einer Hirnleistungsstörung, bei den 75jährigen sind es bereits 10% und bei den 80 jährigen steigt die Zahl auf etwa 20%.

Interessenlosigkeit, soziale Isolation und körperliche Gebrechen begünstigen das Auftreten von Hirnleistungsstörungen.

Bedingt durch unsere heutige Lebensform führen der Einstieg ins Rentenalter oder der Verlust des Partners häufig zu einer altersbedingten Depression. Begünstigt durch die damit einhergehenen Zustände wie Interessenlosigkeit, soziale Isolation, Teilnahmslosigkeit und körperliche Gebrechen können erstmals Hirnleistungsstörungen das Leben spürbar beeinträchtigen.

Diese Entwicklung macht es erforderlich, neue Modelle zu entwickeln, die den zukünftigen medizinischen und sozialen Anforderungen gerecht werden. Dabei sollte die »Hilfe zur Selbsthilfe«, d. h. die Eigenverantwortlichkeit am persönlichen Gesundheitszustand im Vordergrund stehen. Ein ganz wesentlicher Aspekt ist die Selbständigkeit im Alter. Wichtigste Voraussetzung hierfür ist die Bewahrung der geistigen Leistungsfähigkeit. Gezielte präventive Maßnahmen können dazu beitragen, den geistigen Abbau zu verlangsamen oder gar zu verhindern und damit eine langfristige Unabhängigkeit von Fremdbetreuung zu erreichen.

Das Gedächtnistraining verhindert oder verlangsamt den geistigen Abbau.

Das Gedächtnistraining ist ein wichtiger Schritt zum Erhalt der geistigen Leistungsfähigkeit. Konzentration, Aufmerksamkeit, Wahrnehmung, Assoziationsfähigkeit und Kreativität werden gezielt gefördert. Übertragen auf alltägliche Lebenssituationen erleichtern diese Fähigkeiten die Bewältigung des Tagesgeschehens. Der Trainierende fühlt sich kompetent und belastbar und kann mit Freude und Selbstvertrauen seinen weiteren Lebensabschnitt angehen.

Das Anliegen dieses Buches ist die Motivation des Einzelnen, den Alternsprozeß einerseits als gegeben anzunehmen, andererseits jedoch als persönliche Herausforderung aktiv und verantwortlich zu begleiten.

1.1 DIE BEDEUTUNG DES GEHIRNTRAININGS

Die Leistung des Gehirns ist unabhängig vom Alter. Gezieltes Training unterstützt den Erhalt der geistigen Leistungsfähigkeit.

Das wichtigste Ergebnis der neueren Alternsforschung besagt, daß die geistigen Fähigkeiten mit zunehmendem Alter nicht abnehmen, wenn diese laufend in Anspruch genommen werden. Wird das Gehirn also ständig gefordert, kann seine geistige Leistungsfähigkeit erhalten, ja sogar gesteigert werden.

Die ersten geistigen Defizite machen sich bei jedem unterschiedlich bemerkbar: Der eine wird den beruflichen Anforderungen nicht mehr gerecht, der andere kann den Nachrichten im Fernsehen nicht mehr folgen, beim Lesen eines Buches verliert der nächste den Faden und andere wiederum vergessen beim Einkaufen das Wesentliche.

Die Vielfalt von möglichen Gedächtnisstörungen läßt sich insgesamt auf Defizite in der Gehirntätigkeit zurückführen. Das Gehirn ist die Schaltstelle aller Informationsverarbeitungsprozesse und reguliert damit die Prozesse wie Lernen, Wahrnehmen, Erinnern, Begreifen, Kombinieren und Assoziieren – alles Fähigkeiten die wir mit dem Begriff »Gedächtnis« verbinden.

Die Gedächtnisleistung ist unabhängig von Bildung, Talent, Veranlagung oder Alter; sie kann von jedem einzelnen gezielt gefördert werden. Dabei kann die Motivation recht unterschiedlich sein. Der eine verbindet damit das Gefühl länger jung zu bleiben, der andere möchte beruflich weiterkommen. Nicht zu unterschätzen ist der Wunsch nach sozialer Anerkennung und Steigerung des Selbstwertgefühls.

Geistige Aktivität trägt zur Selbstverwirklichung und psychischen Stabilität bei.

Gleichgültig welche Zielsetzungen der Einzelne mit dem Training des Gedächtnisses verbindet, es führt ihn näher an seine Lebensvorstellungen und Erwartungen heran. Insgesamt sind geistig aktive Menschen ausgeglichener, zufriedener und gesünder. Das dadurch gewonnene Selbstvertrauen im Umgang mit den geistigen Anforderungen prägt ein positives Selbstbild. Insbesondere die Selbstverwirklichung und die psychische Stabilität tragen zu einer Verbesserung der Lebensqualität entscheidend bei.

Eine hohe Befriedigung schafft sich der Trainierende, wenn er seinen Partner oder Freunde gewinnen kann, mit ihm zu üben. Das Gruppentraining bereitet viel Freude und vermittelt den Eindruck, aktiv und kompetent am Leben teilzuhaben. Die Anforderungen des Tages werden besser bewältigt, Freizeit wird sinnvoll genutzt. Spezielle Tätigkeiten wie Behördengänge, Planung eines Familienfestes, Einkäufe, Arztbesuche stehen nicht mehr als unüberwindbares Hindernis im Weg. Über unsere Übungen hinaus bieten Beruf und Alltag zahlreiche Möglichkeiten Gehirntraining zu praktizieren: Fordern Sie Ihr Gedächtnis heraus durch Lesen, Rätselraten, Besuch von kulturellen Veranstaltungen, Gespräche mit Freunden, Erlernen einer Fremdsprache oder ähnliches. Auch Alltagssituationen machen ein Training ohne jeden Aufwand möglich: Merken Sie sich beispielsweise die Namen von Politikern mit ihren

Funktionen, versuchen sie einmal ohne Einkaufszettel auszukommen oder prägen Sie sich die wichtigsten Telefonnummern und Geburtstage ein.
Unabhängig davon welche Form der geistigen Aktivität Sie praktizieren, wichtig ist der intensive, regelmäßige Gebrauch unserer Nervenzellen und Nervenbahnen. Je öfter wir diese Schaltstellen in Anspruch nehmen, desto effektiver funktioniert unser Gehirn. Einseitige Inanspruchnahme wie auswendig lernen oder Kreuzworträtsel lösen aktivieren unser Gedächtnis einseitig und unzureichend.
Die in diesem Buch vorgestellten Übungen sind so angelegt, daß alle Bereiche des Gehirns gleichmäßig gefordert werden.
Bevor Sie mit den praktischen Übungen beginnen, vermitteln Ihnen die nächsten Seiten dieses Buches noch einige theoretische Hintergrundinformationen, die Ihnen die Funktionsweise des Gehirns erläutern. So können Sie die Zusammenhänge zwischen der Arbeitsweise des Gehirns und den dazugehörigen spielerischen Übungen erkennen und die Ziele der einzelnen Übungen verstehen. Damit sind Sie hoffentlich hinreichend motiviert, das Gehirntraining täglich durchzuführen und Nutzen für ihre persönliche Lebensbewältigung daraus zu ziehen.

1.2 WAS KANN MAN SONST NOCH TUN UM GEISTIG FIT ZU BLEIBEN?

Zum optimalen Funktionieren benötigt das Gehirn Sauerstoff, Nahrung und Flüssigkeit. Diese Substanzen werden durch das Blut zugeführt. Eine störungsfreie Durchblutung sorgt also für die Versorgung des Gehirns mit lebensnotwendigen Stoffen.

- Die Durchblutung

Das Gehirn benötigt eine gute Durchblutung um Leistung zu erbringen. Bereits leichte Störungen können zu Vergeßlichkeit und Konzentrationsschwäche führen. Schwerere Störungen lösen Symptome wie Kopfschmerzen, Schwindelgefühle, Ohrensausen und sogar Ohnmachten aus. Ein Grund können Muskelverspannungen sein, die auf versorgende Blutgefäße im oberen Körperbereich drücken. Hier können gezielte Bewegungsübungen sowie Massagen entscheidend helfen.
Weitere Ursache sind Ablagerungen in den Adern, die sich aus Fett und Kalk zusammensetzen und die Blutgefäße verengen. Die Folge ist ein erhöhter Blutdruck. Das wirksamste Mittel um den Blutdruck zu senken ist die Ernährung. Sie sollte kalorienarm, salzarm und kaliumreich sein. Kalium ist vor allem in Gemüse, Obst und Kartoffeln enthalten. Der Alkoholkonsum sollte stark eingeschränkt werden.
Die Durchblutung wird optimal durch Bewegung angeregt. Wichtig ist, daß plötzlich Kraftanstrengungen und

Übung 3

Ziel dieser Übung:

- **Logisches Denken**
- **Erkennen von Zusammenhängen**

Bitte ergänzen Sie die folgenden Zahlenreihen sinngemäß.

Beispiel:

2 4 6 8 10 12 14 16 18 20

Ihre Übung:

1 2 4 7 11 ______________________________

______________________________ 56

96 88 80 72 ______________________________

______________________________ 0

2 4 8 16 32 ______________________________

______________________________ 4096

250 225 201 178 156 ______________________________

______________________________ 3

0 2 6 12 20 30 ______________________________

______________________________ 182

Leistungsdruck vermieden werden. Eine Faustregel besagt, daß man einmal täglich den Puls auf 180 minus Lebensalter bringen sollte (bei einem 60jährigen also auf 120). Dabei ist ein ausdauerndes Training von 20 - 30 Minuten effektiver, als den Puls innerhalb weniger Minuten auf diesen Wert zu bringen.
Regelmäßiger Schlaf und Entspannung tragen ebenso wie die Vermeidung von Streß zu einer Regulierung des Blutdrucks bei.

- Sauerstoff

Die Gehirnzellen benötigen Sauerstoff um funktionstüchtig zu bleiben. Es ist bekannt, daß mangelnde Sauerstoffzufuhr erhebliche Hirnschäden auslösen und sogar zum Tode führen kann.
Bei einer knappen Sauerstoffzufuhr wird zunächst die Leistungsfähigkeit herabgesetzt, die zu Konzentrationsmangel, Gedächtnistrübung und Antriebslosigkeit füh-

ren kann. Daher ist es ratsam, täglich auf eine ausreichende Frischluftzufuhr zu achten. Spaziergänge im Freien und gut durchlüftete Räume sorgen für eine ausreichende Sauerstoffzufuhr. Regelmäßige Bewegung wirkt sich aufgrund der tieferen Atmung ebenfalls günstig aus.

- Nährstoffe

Eine ausgewogene Ernährung ist unabdingbare Voraussetzung für den Erhalt der geistigen Leistungsfähigkeit. Dabei kommt der Flüssigkeitszufuhr eine besondere Bedeutung zu, da diese die Nieren- und Hirnfunktion beeinflußt. Im Alter verringert sich der natürliche Wassergehalt des Körpers bei gleichzeitigem Nachlassen des Durstempfindens. Es sollten täglich mindestens 1,5 bis 2 Liter Flüssigkeit in Form von Mineralwasser, Tee, Kaffee, Säften oder Milch aufgenommen werden. Da alkoholische Getränke negative Auswirkungen auf die Hirnfunktion ausüben, sollte der Konsum dieser Getränke stark eingeschränkt werden.
Bei den Tips zur Ernährung möchte ich komplizierte Berechnungen bezüglich des Kalorien- oder Nährstoffgehaltes bewußt vermeiden. Eine abwechslungsreiche Mischkost trägt zur Vorbeugung von körperlichen und geistigen Krankheiten bei. Von der *Deutschen Gesellschaft für Ernährung* wurde eine leicht verständliche Ernährungstabelle erstellt, die alle Kriterien einer ausgewogenen Ernährung des älteren Menschen erfüllt. Dabei sollte die Nahrungszufuhr auf fünf kleinere Mahlzeiten verteilt werden:

LEBENSMITTEL	VERZEHREMPFEHLUNG FÜR ÄLTERE MENSCHEN
Milch, Milchprodukte	Täglich mindestens 1/4 l Milch oder Milchprodukte wie Kefir, Buttermilch, Joghurt, Quark und 1-2 Scheiben Käse
Fleisch, Wurst, Eier, Fisch	2-3 mal pro Woche 1 Portion Fleisch (100g) und Wurst (2-3 Scheiben), 1-2 mal Fisch, nicht mehr als 3 Eier wöchentlich
Brot, Vollkornreis, Getreidekörner, Nudeln	Täglich etwa 5 Scheiben Brot oder 4 Scheiben Brot und 1 Brötchen, tägl. 1 Portion Reis oder Nudeln (roh etwa 50g) oder 1 Portion Kartoffeln (ca. 200g = 3 mittelgroße Kartoffeln)
Gemüse, Salat	Täglich 1 Portion Gemüse (ca. 200g) und 1 Portion Salat (ca. 75g)
Obst	Täglich mindestens 1 Stück Obst (ca. 150g)
Butter, Margarine, Öl	Täglich höchstens 30g Streich- oder Kochfett (z. B. 1 Eßlöffel Butter oder Margarine und 1 Eßlöffel Pflanzenöl)
Getränke	Täglich mindestens 1,5 l besser 2 l Flüssigkeit (Mineralwasser, Tee, Kaffee, verdünnte Obst- oder Gemüsesäfte)

1.3 WIE FUNKTIONIERT DAS GEHIRN?

Dank seines gut entwickelten Gehirns konnte der Mensch überhaupt überleben.

Verglichen mit allen anderen Lebewesen verfügt der Mensch über die größte Gehirnmasse. Entwicklungsgeschichtlich betrachtet hat uns unser ausgeprägtes Gehirn die Erhaltung der menschlichen Rasse überhaupt ermöglicht. Der Mensch hatte keine Abwehrmechanismen wie ausgeprägte Kraft, scharfe Krallen oder Flügel zur schnellen Flucht, um sich vor seinen natürlichen Feinden zu schützen. Daß der Mensch trotzdem überleben konnte, verdankt er seiner Lernfähigkeit. Einmal erworbene Erfahrungen konnte er speichern um sie in entsprechenden Situationen gezielt anzuwenden. Einsichtiges und zielgerechtes Lernen setzen unzählige Assoziationen und daraus abgeleitete Reaktionen voraus.

Betrachten wir nun das Gehirn genauer:

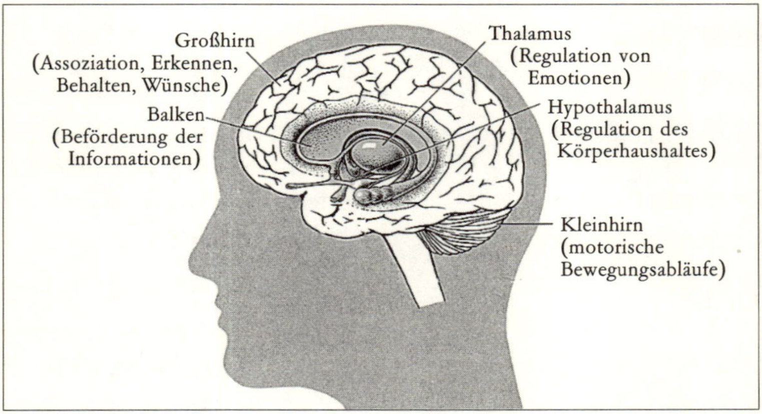

Das Gehirn bildet zusammen mit dem Rückenmark das zentrale Nervensystem. Ein Teil davon ist das periphere Nervensystem, welches sich in das autonome Nervensystem und das somatische Nervensystem gliedert. Das autonome Nervensystem ist für die Organfunktionen wie beispielsweise Herztätigkeit, Atmung und Verdauung verantwortlich. Durch das somatische Nervensystem verarbeiten wir unsere Sinneseindrücke und lösen die darauffolgenden Reaktionen wie Frieren, Schmecken, Schmerzempfindung aus.

Gehirn und Rückenmark bilden das zentrale Nervensystem.

Über die Nervenfasern gelangen alle Informationen ins Gehirn, wo diese weiterverarbeitet werden. Durch das komplexe Zusammenspiel von Sinnesorganen und Sinneszellen, Nervenfasern und Gehirn ist ein zielgerichtetes Handeln möglich. Bei der Ausübung bestimmter Handlungen ist der Erfahrungswert des Einzelnen von entscheidender Bedeutung. Denn im Laufe der Entwicklung hat sich der Mensch Wissen angeeignet und dieses in seinem Gehirn abgespeichert. So ist beispielsweise das Erkennen von Gefahren wesentlich von vorhergegangenen Erfahrungen geprägt. Das Gehirn verbindet diese Erfahrungswerte mit neuen Eindrücken und entwickelt daraus Verhaltensmuster.

Die Individualität wird geprägt von eigenen Erfahrungen und der Verarbeitung von neuen Eindrücken.

Kernstück unseres komplexen Gehirns ist das Stammhirn. Hier laufen alle Informationen zusammen. Diese werden an entsprechende Stellen weitergeleitet. Aus dem Stammhirn haben sich die anderen Gehirnteile gebildet, die für verschiedene Funktionen unseres Körpers zuständig sind.

Das *Großhirn* liegt direkt unter der Schädeldecke. Eingebettet in Gehirnwasser und mehrfach von verschiedenen Häuten umhüllt ist es sicher gegen Stoß und Druck von außen. Es besteht aus der Großhirnrinde und einem Balken, welcher durch Faserstränge die rechte und linke Gehirnhälfte miteinander verbindet.
In der *Hirnrinde* finden Prozesse wie Denken, Erinnern, Erkennen, Lernen und Kombinieren statt.

Linke und rechte Hirnhälfte sind für unterschiedliche Fähigkeiten zuständig.

Die *rechte Hirnhälfte* ist für die Verarbeitung von Emotionen und räumlichen Eindrücken zuständig, während sich auf der *linken Hirnhälfte* das Sprachzentrum befindet. Auch Fähigkeiten wie Rechnen, Schreiben und Lesen sind hier angeordnet.
Weitere wesentliche Funktionen sind der Großhirnrinde zuzuordnen: Alle Wahrnehmungen wie Hören, Sehen, Riechen und Fühlen werden hier aufgenommen und über Nervenbahnen an die entsprechende Schaltstelle weitergeleitet.
Das *limbische System* ist eine Ansammlung verschiedener Hirnstrukturen und sorgt dafür, daß Gefühle in unser Bewußtsein dringen und bestimmte Reaktionen hervorrufen. Dabei werden starke emotionale Erlebnisse besser behalten als weniger bedeutende. So ist auch zu erklären, warum der alte Mensch sich an eindrucksvolle Einzelerlebnisse seiner frühen Kindheit zurückerinnern kann. Insbesondere in der Kindheit geweckte Ängste, z. B. die Angst vor großen Hunden, kann durch entsprechende furchterregende Kindheitserlebnisse bis ins hohe Alter erhalten bleiben.
Im *Thalamus* werden den Wahrnehmungen die ent-

sprechenden Gefühle zugeordnet. Dieser Verarbeitungsprozeß bestimmt, ob wir glücklich oder traurig sind, aufgeregt oder schläfrig. Der *Hypothalamus* regelt Hunger- und Durstgefühle, sorgt für eine konstante Körpertemperatur, aktiviert Verdauung und Herzschlag und beeinflußt unsere sexuellen Bedürfnisse. Das *Kleinhirn* koordiniert unsere Muskelbewegungen und motorischen Bewegungsabläufe. Bei Verletzungen des Kleinhirns treten Gleichgewichtsstörungen und Schwierigkeiten in der Koordination von Bewegungsabläufen auf.

Die Funktion der Nervenbahnen

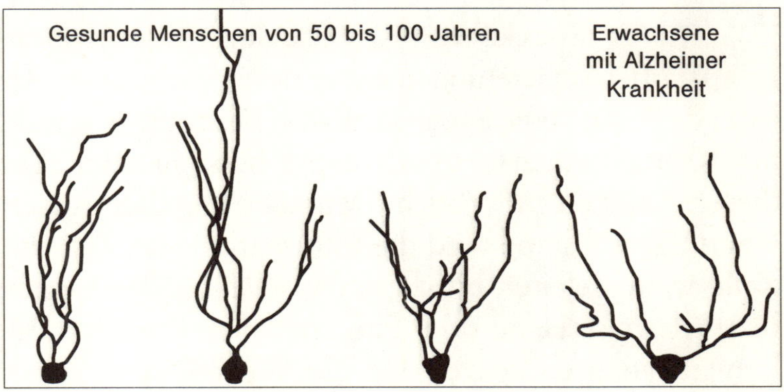

Bereits in den ersten Lebensmonaten entscheidet sich, wie funktionstüchtig das Netz der Nervenbahnen und ihrer Schaltstellen ist.

Das neugeborene Kind kommt bereits mit einem fertigen Nervenfasernetz auf die Welt. Jedoch entscheidet sich bereits in den ersten Lebensmonaten, wie funktionstüchtig dieses Netz sein wird. Entscheidend sind die Verknüpfungen, die zwischen den Nervenfasern entstehen,

denn je mehr Schaltstellen vorhanden sind, desto gezielter können die wahrgenommenen Informationen von einer Zelle zur nächsten weitergeleitet werden.
Daher sind im Säuglingsalter die Anregungen der Sinne wie Riechen, Schmecken, Sehen, Hören und Fühlen sehr bedeutend. In einer anregenden Umgebung entstehen zahlreiche Verknüpfungen zwischen den Nervenzellen, was sich auf die geistige Entwicklung des Kindes positiv auswirkt.

Informationen werden über Synapsen bis hin zum ausführenden Organ weitergeleitet.

Bevor eine Wahrnehmung an die Nervenbahnen und an die ausführenden Organe weitergeleitet wird, entscheidet das Gehirn über die Weiterleitung. Das Leitungssystem in unserem Körper ergibt eine Strecke von 500 000 km! Jede Nervenzelle ist über Verästelungen mit anderen verbunden. An jeder Zelle sitzt eine Synapse, die auf bestimmte Signale hin Kontakt zur nächsten Synapse herstellt oder aber diesen Kontakt unterbricht. Mittels einer chemischen Überträgersubstanz wird die Information von Zelle zu Zelle weitergeleitet, bis diese das ausführende Organ, beispielsweise Hand oder Fuß erreichen. Etwa 500 Billionen Synapsen sorgen für die Weiterleitung. Aber auch Speicherprozesse finden hier statt, denn eine Weiterleitung an den Hauptspeicher im Gehirn erfolgt nur dann, wenn die Synapsen die Überträgersubstanz ausschütten.
Unzählige Prozesse im Gehirn sind notwendig, um von einer wahrgenommenen Information zu einer entsprechenden Reaktion zu kommen. Damit ist das Gehirn das höchstentwickelte, leistungsfähigste aller Organe.

1.4 DAS ALTERNDE GEHIRN

Das geistige Befinden ist ebenso wichtig wie das körperliche.

Jeder Mensch altert individuell, abhängig von seiner Lebensgeschichte. Der körperliche Verfall ist am ehesten sichtbar. Durch gezielte Körperpflege und sportliche Betätigung versuchen wir, die Spuren des Alterns zu mildern oder hinauszuzögern. Erstaunlich ist die Tatsache, daß das Bewußtsein der körperlichen Fitneß und auch der Wille, aktiv daran zu arbeiten, nahezu jedem präsent ist, während dem Erhalt der geistigen Beweglichkeit kaum Beachtung geschenkt wird. Das Anliegen dieses Buches ist es, das Augenmerk nun auch auf das geistige Befinden zu richten.

Neuste Forschungen zeigen, daß bei einer normalen, nicht krankhaft bedingten Hirnalterung zwischen dem 30. und 70. Lebensjahr keine Veränderung von Durchblutung und Stoffwechsel des Gehirns nachweisbar ist. Erst ab dem 70. Lebensjahr kann eine leichte Abnahme dieser Funktionen festgestellt werden.

Auch das weit verbreitete Vorurteil des Verlustes von Hirnzellen mit zunehmendem Alter kann nicht als Begründung für den geistigen Abbau herhalten. Neuste Erkenntnisse belegen, daß wir bis zum 70. Lebensjahr lediglich zwei bis drei Prozent der Zellen verlieren. Angesichts der Tatsache, daß die Gesamtzahl der Hirnzellen auf etwa 300 Milliarden geschätzt wird, spielt dieser geringe Anteil also keine bedeutende Rolle.

Es hat sich jedoch während der Forschungsarbeiten herausgestellt, daß die Hirnzellen mit zunehmendem Alter

Hirnzellen und Synapsen sind funktionsabhängig. Je mehr diese in Anspruch genommen werden desto leistungsfähiger bleiben sie.

kleiner werden; insbesondere diejenigen Zellen, die wenig gebraucht werden. Auch die Schaltstellen an den Nervenbahnen, die Synapsen, die für die Weiterleitung von Informationen zuständig sind, sind funktionsabhängig. Je mehr diese durch geistige Tätigkeit beansprucht werden – also je mehr Informationen über diese Synapsen weitergeleitet werden – desto größer und zahlreicher sind diese.

Nachlassende geistige Leistungsfähigkeit ist also nicht vorwiegend dem Alternsprozeß des Gehirns zuzuordnen, sondern vielmehr einer unzulänglichen Ausnutzung der Zellen im Gehirn. Wahrnehmungsfähigkeit und Aufmerksamkeit lassen zuerst nach, dann die aktiven Speicherprozesse im Kurzzeitgedächtnis und letztendlich das gezielte Abrufen der Informationen aus dem Langzeitgedächtnis.

Die Sinne müssen ständig angeregt werden um leistungsfähig zu bleiben.

Die Beeinträchtigung der Wahrnehmung ist auf den Leistungsabfall der Sinnesorgane zurückzuführen. Die Fähigkeiten Sehen, Hören, Schmecken, Tasten und Riechen lassen deutlich nach. Wenn die Reize aus der Umgebung nicht stark genug sind, können die Wahrnehmungsschwellen nicht überwunden werden. Das bedeutet beispielsweise, wenn nicht laut genug gesprochen wird, können die Worte nicht wahrgenommen werden. Durch die ständige Anregung der Sinne können diese aktiv und wach gehalten werden. Leistungsminderungen können durch gezielte Strategien kompensiert werden.

Dem Wahrnehmungsprozeß folgen weitere kognitive Prozesse für das Behalten und Erinnern. Aufgenommene Eindrücke werden möglichst sinnvoll geordnet um sie später wieder leicht abrufen zu können. Dabei fällt es älteren Menschen zunehmend schwer Methoden zu entwickeln, die ihnen das Lernen, Behalten und Ordnen von Informationen erleichtern können. Durch die Übungen dieses Buches sollen unter anderem Lerntechniken vermittelt werden, die dieses Defizit ausgleichen.

Das Interesse des alternden Menschen bezieht sich vorwiegend auf seine körperlichen Beschwerden.

Zudem haben ältere Menschen oftmals Schwierigkeiten, die gesamte Aufmerksamkeit auf eine Sache zu richten. Sie lassen sich schnell durch störende Faktoren vom eigentlichen Geschehen ablenken. So beeinflussen Faktoren wie Hunger, Durst, Müdigkeit und Motivation in hohem Maße die Konzentrationsfähigkeit. Da mit zunehmendem Alter oftmals chronische Erkrankungen auftreten, bezieht sich das Interesse vorwiegend auf das Krankheitsbild oder auf Schmerz- und Seelenzustände. Folglich werden die Lern- und Gedächtnisleistungen negativ beeinflußt. Die Konzentrationsübungen dienen dazu, die gesamte geistige Kraft auf ein Thema auszurichten und dieses kompetent zu bearbeiten.

1.5 HIRNLEISTUNGSSTÖRUNGEN

Normaler Alternsprozeß oder Krankheit?

Wenn ältere Menschen vergeßlich werden kann dies ein ganz normaler Vorgang sein, den der Betroffene durch gezielte Maßnahmen (beispielsweise Merkzettel, häufiges Wiederholen) auffangen kann. Die typischen Begleiterscheinungen des Alterns, wie die Verringerung der Muskelkraft, die schnellere Ermüdbarkeit oder das Nachlassen des Konzentrationsvermögens bieten noch keine Anzeichen für eine krankhafte Veränderung des Gehirns.

Erst wenn der Gedächtnisverlust unaufhaltsam fortschreitet und nicht mehr durch einfache Strategien kompensierbar ist, spricht man von Hirnleistungsstörungen (Demenz). Die wichtigsten Symptome, die einzeln oder gleichzeitig auftreten können sind:

- *Konzentrations- und Gedächtnisstörungen*
- *Antriebsarmut, Teilnahmslosigkeit*
- *Schlafstörungen, Unruhezustände*
- *Kontaktarmut, Ungeselligkeit*
- *Unselbständigkeit*
- *Nachlässigkeit*
- *Stimmungsschwankungen*

Bei der Demenz liegen hirnorganische Abbauprozesse vor.

Häufig liegen hier hirnorganische Abbauprozesse vor, die mit Hilfe psychodiagnostischer Verfahren von den normalen Veränderungen unterschieden werden können. Eine wichtige Unterscheidung liegt darin, daß der gesunde alternde Mensch seinen örtlichen und zeitlichen Bezug zur Realität behält und damit bewußt, überlegt und kritisch urteilen kann. Er kann aktiv am Leben teilnehmen und ist in der Lage, für sich selbst zu sorgen.

Formen der Demenz

Verschiedene Formen der Demenz weisen unterschiedliche Merkmale auf.

Die häufigste Form ist die *»primär degenerative Form«*. Hierunter fallen etwa 50% der Demenzen. Dazu gehört die senile Demenz vom Alzheimer Typ sowie der Morbus Pick und Morbus Parkinson. Charakteristisch ist der langsame aber kontinuierlich verlaufende Gedächtnisverlust. Anfänglich treten Gedächtnis- und Orientierungsstörungen auf, später folgen Sprach- und Erkennungsstörungen sowie motorische Störungen. Im schwersten Verlauf treten Inkontinenz, Gangunfähigkeit und Bettlägerigkeit auf.
Die klinischen Symptome der *»vaskulären Demenz«*, auch unter dem Begriff *»Multiinfarktdemenz«* bekannt, sind die stufenweise, abrupt auftretende Verschlechterungen des Zustandes des Erkrankten. Es können leichte Lähmungen und Sprachstörungen auftreten, die sich in einigen Fällen weiter ausprägen.

Demenz sind nicht verhinderbar, jedoch beeinflußbar.

Die hier beschriebenen Demenzzustände können nicht verhindert, jedoch beeinflußt werden. Bildung, soziale Integrität und geistige Aktivität tragen dazu bei, daß dementielle Symptome längere Zeit kompensiert werden und erst bei höhergradigen Hirnschädigungen auftreten. Verhindert werden können Demenzen, die auf Überdosierungen von Pharmaka, langjährigem Alkoholmißbrauch, einer schwerwiegenden Fehlernährung oder Schädelhirntraumen zurückzuführen sind.

2. FUNKTIONEN DES GEHIRNS

2.1 DAS GEDÄCHTNIS

Wenn man vom Gedächtnis spricht, ist damit die Fähigkeit gemeint, Informationen zu speichern und bei Bedarf abrufen zu können. Das funktioniert nur, wenn wir unsere Eindrücke oder das Erlernte so in unserem Gedächtnis ablegen, daß wir es bei Bedarf wiederfinden. Für diesen Vorgang greift das Gedächtnis auf drei Speichereinheiten zurück:

- Der sensorische Speicher

Im sensorischen Speicher werden Sinnenswahrnehmungen aufgenommen und die wichtigen von den unwichtigen selektiert.

Im sensorischen Speicher werden die Sinneswahrnehmungen (z. B. visuelle oder akustische Reize) aufgenommen. Dann werden diese Reize selektiert. Die unwichtigen Informationen werden vergessen, den wichtigen schenken wir unsere Aufmerksamkeit. Dieses Selektionsverfahren dauert nur einen Bruchteil von Sekunden. Die verbleibenden Eindrücke können wir mit Hilfe des sensorischen Speichers registrieren und als fortlaufendes Ereignis wahrnehmen. Eine unbekannte Tonfolge erkennen wir als Melodie oder einzelne Buchstaben werden zu einem Wort zusammengefügt.

- Das Kurzzeitgedächtnis

Im Kurzzeitgedächtnis bleiben die augenblicklich wichtigen Informationen einige Minuten gespeichert.

Die Reize des sensorischen Speichers, die genügend Aufmerksamkeit erhalten, übernimmt das Kurzeitgedächtnis in seinen Speicher. Dort bleiben die Informationen mehrere Minuten erhalten. Möchten wir den Sinn eines langen Satzes erfassen, ist es wichtig, sich solange an den Satzanfang zu erinnern, bis das Satzende erreicht ist. Wird in dieser Zeit der Speichervorgang gestört, verlieren wir den Faden und können dem Inhalt nicht mehr folgen. Erscheint uns die Information so wichtig, daß wir sie langfristig behalten möchten, richten wir unsere ganze Aufmerksamkeit darauf und wiederholen den Inhalt des öfteren.

- Das Langzeitgedächtnis

Die Reize, die viel Aufmerksamkeit erhalten, werden im Langzeitgedächtnis aufbewahrt.

Intensive Eindrücke oder mehrmals wiederholte Inhalte gelangen zur langfristigen Speicherung in das Langzeitgedächtnis. Dieser Speicher hat eine unbegrenzte Aufnahmekapazität. Hier werden unser gesamtes Wissen, unsere Erfahrungen und unsere Gefühle aufbewahrt. Ganze Handlungsabläufe, komplexe Zusammenhänge und komplizierte Lösungsstrategien werden hier abrufbar bereit gehalten.

Strategien helfen dem Gedächtnis beim Vorgang des Erinnerns.

Trotzdem gehen uns immer wieder wichtige Informationen verloren. Das bedeutet nicht, daß sie aus unserem Langzeitgedächtnis gelöscht sind, sondern vielmehr, daß wir momentan nicht darauf zugreifen können. Jeder Einzelne entwickelt daher bewußt oder unbewußt Strategien, die dem Gedächtnis den Erinnerungsvorgang erleichtern. Wir stellen an dieser Stelle einige der Strategien vor, manche davon wenden Sie sicherlich schon an, andere werden mit den Übungen dieses Buches vermittelt:

- Ordnungssystem

Legen Sie sich in Ihrem Kopf ein für Sie geeignetes Ordnungssystem zurecht, wo Sie einzelne Inhalte strukturiert ablegen können. Es bieten sich verschiedene Möglichkeiten an:

Ordnen nach zeitlichem Ablauf

* Ereignisse können gut nach dem zeitlichen Ablauf geordnet werden.

Ordnen nach Priorität.

* einzelne Handlungsabschnitte können Schritt für Schritt durchdacht und nach Priorität geordnet werden

Konzentration auf das Wesentliche.

* Konzentrieren Sie sich nur auf wesentliche Inhalte. Unwichtige Informationen vergessen Sie einfach. Dadurch erweitern Sie die Kapazitäten Ihres Gedächtnisses für das Wesentliche.

Wichtige Informationen regelmäßig wiederholen.

* Wiederholen Sie die selektierten Informationen regelmäßig. Der Vorgang des Wiederholens kann durch gezieltes Lernen erfolgen oder aber durch Reflektieren. Indem wir über das Gelernte nachdenken, diskutieren oder sogar schreiben wird diesen Themen soviel Aufmerksamkeit beigemessen, daß diese ins Langzeitgedächtnis übergehen. Ein weiterer wichtiger Punkt ist, daß wir in überschaubaren Einheiten wiederholen. Die Informationen sollten in so kleine Teile zerlegt werden, daß diese gut behalten werden können. Beim Lernen von Vokabeln prägen wir uns Zweier-Einheiten ein, nämlich das fremdsprachliche Wort sowie die muttersprachliche Übersetzung. Zwei bis drei Einheiten bleiben ohne große Anstrengung im Gedächt-

nis, auch wenn wir viele dieser Kombinationen hintereinander lernen.

* Informationen bleiben besonders gut im Gedächtnis, wenn wir sie über mehrere Sinneskanäle wahrnehmen (beispielsweise hören und lesen von Texten). Die Inhalte werden auf mehreren Wegen verarbeitet und gespeichert. Ist dann beispielsweise der akustische Teil des Gehirns momentan blockiert, kann der Inhalt durch den visuellen Bereich verfügbar gemacht werden.

Informationen über mehrere Sinneskanäle wahrnehmen.

* Das Gedächtnis kann durch die bildhafte Vorstellungskraft unterstützt werden. Insbesondere abstrakte Informationen können durch die Verknüpfung mit einer bildhaften Assoziation besser behalten werden. Das Prinzip beruht darauf, unbekannte Inhalte mit vertrauten, bildlichen Inhalten zu verknüpfen und damit für das Gedächtnis zugänglicher zu machen.

Behalten durch Verknüpfung mit Bildern.

Welche Rolle spielt die Intelligenz?

Ein gut funktionierendes Gedächtnis ist der Grundbaustein der Intelligenz. Unter Intelligenz versteht man die individuelle geistige Leistungsfähigkeit die der Einzelne einsetzt, um sich erfolgreich den komplexen Anforderungen des Lebens zu stellen.

Intelligenz kann sich unter bestimmten Voraussetzungen im Alter steigen.

Zu einem Teil hängt die Intelligenz von genetischen Faktoren ab, zum anderen vom Gesundheitszustand, dem sozialen Umfeld, Bildung und Beruf. Entgegen der gängigen Annahme, daß die Intelligenz im Alter abnimmt, steht die These, daß diese im Alter sogar zunehmen kann. Grund dafür ist der breite Erfahrungsschatz älterer Menschen, der sinnvoll bei Problemlösungen eingesetzt werden kann. Zudem erweitert sich mit zunehmendem Alter das Spektrum des Wissens, welches wir uns im Laufe der Jahre aneignen. Auf unsere Erfahrungen und auf unser Wissen können wir wiederum nur zurückgreifen, wenn das Gedächtnis uns nicht im Stich läßt.

Kristallisierte Intelligenz beruht auf Erfahrung.

Intelligenz, die auf Erfahrung und Wissen beruht, wird *Kristallisierte Intelligenz* genannt. Hier findet die Bildung ihre konkrete Anwendung. Sie bleibt erhalten, solange der Mensch gesund ist und aktiv und bewußt am Leben teilnimmt. Demgegenüber steht die *Fluide Intelligenz.* Mit dieser Bezeichnung ist die Fähigkeit gemeint, sich spontan auf Situationen einzustellen, zu kombinieren, Lösungsmöglichkeiten für auftauchende Probleme zu finden. Die fluide Intelligenz ist äußerst störanfällig, unter anderem durch Alkohol oder Schlafdefizit. Außerdem führt mangelnde geistige Tätigkeit zur Abnahme der fluiden Intelligenz.

Fluide Intelligenz beruht auf der spontanen Problemlösungsfähigkeit.

2.2 DIE WAHRNEHMUNG

Aus der Vielzahl von gleichzeitigen Eindrücken selektieren wir die augenblicklich wichtigen.

Alle Eindrücke der Umwelt werden durch unsere Sinnesorgane wahrgenommen. Unsere Sinneseindrücke (sehen, hören, riechen, schmecken und tasten) erreichen zunächst den sensorischen Speicher, der unbegrenzt aufnahmefähig ist. Meistens strömt eine Vielzahl von Eindrücken gleichzeitig auf uns ein: beim Überqueren der Straße sehen wir die anderen Passanten und Autos, hören den Verkehrslärm, spüren daß der neue Schuh drückt und haben noch den Geschmack vom Frühstückskaffee im Mund. Daher selektieren wir die Informationen, die für uns augenblicklich wichtig sind. Diese nehmen wir in unseren Kurzzeitspeicher auf. Erst dann lenken wir unsere Aufmerksamkeit auf die selektierten Reize, die wir dann bewußt wahrnehmen. Die Selektion der Eindrücke ist abhängig von folgenden Faktoren:

- Erfahrungen

  Je genauer man sich bereits mit einer Sache auseinander gesetzt hat, desto mehr Aufmerksamkeit richtet man darauf.

- Bedürfnisse

  Es werden eher die Dinge wahrgenommen, die zur Befriedigung eigener Bedürfnisse beitragen.

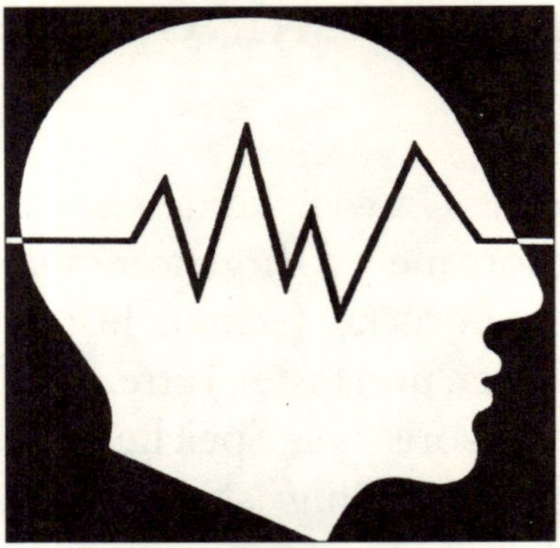

- **Erwartungen**

  Eindrücke werden an persönlichen Erwartungen gemessen und registriert.

Die für jeden Einzelnen individuell unbedeutenden Sinnesreize erhalten keine Aufmerksamkeit und gelangen damit nicht in den Kurzzeitspeicher. Sie gehen also verloren. Ob eine Information vom Kurzzeitspeicher in den Langzeitspeicher übernommen wird, ist abhängig davon, ob uns die Information wichtig genug erscheint, um sie langfristig in unserem Gedächtnis zu bewahren.
Die selektierten Informationen bleiben besser haften, wenn sie über möglichst viele Sinneskanäle wahrgenommen werden. Ein Bild, welches gezeigt und kommentiert wird, ist vom visuellen wie vom akustischen Bereich zugänglich und kann damit auch besser ins Gedächtnis geholt werden.
Jeder Mensch hat seinen bevorzugten Sinneskanal: Der *visuelle* Typ erinnert sich am deutlichsten an Dinge, die

er gesehen hat. Bilder spielen eine große Rolle beim Erinnerungsvermögen.
Der *auditive* Typ erinnert sich gut an Informationen, die er gehört hat, wie Gespräche, Musik, Geräusche.
Der *kinästhetische* Typ erinnert sich in erster Linie an Erfühltem oder Ertastetem wie zum Beispiel ein Händedruck oder die Bequemlichkeit eines Kleidungsstückes.
Geruchs- und Geschmackssinn sind meistens nicht so ausgeprägt, daß diese beim Erinnerungsvermögen die tragenden Eindrücke vermitteln.

Jeder Mensch hat seinen bevorzugten Sinneskanal, über welchen er Informationen am besten verarbeiten kann.

2.3 DIE KONZENTRATION

Unter dem Begriff Konzentration versteht man die Fähigkeit, die Gedanken auf nur eine einzelne Tätigkeit zu richten und sich nicht von abweichenden Gedankengängen ablenken zu lassen. Besonders Belastungssituationen, wie beispielsweise private Sorgen oder berufliche Probleme hemmen die Konzentrationsfähigkeit. Die Gedanken bewegen sich immer wieder um diese Störung herum und drängen jede andere geistige Tätigkeit zurück.
Durch bestimmte Übungen kann die Fähigkeit, Gedanken auf ein Zentrum auszurichten, gefördert werden. Die gesamte geistige Kapazität ist frei für diese einzelne Tätigkeit und kann somit, den individuellen Fähigkeiten entsprechend, optimal ausgeführt werden. Im All-

Die Fähigkeit, Gedanken auf ein Zentrum auszurichten ermöglicht die optimale individuelle Leistung.

tag bedeutet dies, daß Sie sich auf ein Gespräch sinnvoll einlassen, und den Worten Ihres Gesprächspartners folgen können. Da sich Ihr Gehirn ausschließlich mit dem Gesprächsthema auseinandersetzt, können Sie gezielt und flüssig antworten. Auch bei handwerklichen Arbeiten ist die Konzentration auf die Ausübung des Handwerks erforderlich, um eine optimale Koordination in den Bewegungsabläufen herzustellen. Ungeschicklichkeit ist oftmals nur auf einen Mangel an Konzentration zurückzuführen.

Entscheidend für die Konzentrationsfähigkeit ist auch der Faktor Interesse. Mangelndes Interesse hemmt die Konzentration, da man sich gerne von einer ungeliebten Tätigkeit ablenken läßt. Daher ist ein gewisses Durchhaltevermögen notwendig, um sich mit einem Thema auseinanderzusetzen, welches keinerlei Interesse hervorruft. Je mehr man sich diesem Thema widmet, je vertrauter die Inhalte werden, desto größer ist die Wahrscheinlichkeit, daß das Desinteresse in reges Interesse umschlägt. Insbesondere wenn die Auseinandersetzung mit dem Stoff zu neuen Einsichten oder Erfolgserlebnissen führt. Diese Tatsache ist wichtig, wenn man sich im Rahmen einer Ausbildung oder beruflichen Tätigkeit mit Arbeiten auseinandersetzen muß, die zunächst innerlich mit Widerwillen ausgeführt werden. Eine unvoreingenommene Einstellung zusammen mit einer Portion Durchhaltevermögen können den Arbeitsbereich zugänglich und interessant machen.

Ein weiterer Störfaktor im Bereich der Konzentration liegt darin, daß der Mensch dazu neigt, viele Dinge gleichzeitig nebeneinander herlaufen zu lassen. Das Abendessen vor laufendem Fernseher einzunehmen und wie nebenbei noch ein Gespräch mit seinem Gegenüber zu führen, ist keine Ausnahmesituation. Jedoch mit dem unbefriedigendem Ergebnis, das Essen nicht zu genießen, sich nicht intensiv auf das Gespräch einzulassen und den Informationen der Tagesschau nicht folgen zu können. Durch diese sogenannte »Reizüberflutung« ist die wesentliche Konzentration auf eine Handlung nicht möglich. Also richten Sie Ihre Aufmerksamkeit immer nur auf eine Tätigkeit; führen Sie diese bewußt durch und lassen Sie sich nicht ablenken oder unterbrechen. Die Ergebnisse einer konzentrierten Arbeit sind meistens zufriedenstellend und vermitteln das Gefühl, etwas geleistet zu haben.

2.4 DIE ASSOZIATION

Neue Inhalte werden durch die sinnliche Verknüpfung mit bekannten Inhalten vertrauter.

Assoziation bedeutet die Verknüpfung von zwei oder mehr Gedanken, wobei ein Gedanke auf dem anderen aufbaut. Oftmals läuft die Assoziation unbewußt ab, man kann sie sich jedoch auch gezielt zunutze machen. Indem neue, unbekannte Informationen mit bekannten verknüpft werden, erscheinen diese vertrauter und geläufiger. Dieser Zusammenhang muß gedanklich so häufig miteinander verknüpft werden, bis die gewünschte Assoziation im Gedächtnis aufgenommen wurde. Dabei spielt insbesondere die bildhafte Assoziation eine tragende Rolle. Hier werden Gedankenverbindungen aufgebaut, indem Sie sich die gewünschten Begriffe bildlich vorstellen. Wichtig ist, daß dabei keine anderweitigen, fremden Eindrücke mit aufgenommen werden. Das Bild der zwei zu verknüpfenden Begriffe sollte vor Ihrem geistigen Auge erscheinen. Das erste Bild, welches sich nach dem Schließen der Augen einstellt ist das, welches erfahrungsgemäß am besten haften bleibt. Nehmen Sie zum Beispiel die Begriffe Auto – See. Stellen Sie sich vor, das Auto fährt über den See. Je ungewöhnlicher die bildhafte Vorstellung, desto größer der Reiz für Ihr Gedächtnis. Auf diese Art und Weise kann man zahlreiche Begriffe miteinander verknüpfen und hintereinander abfragen – die Gedächtnisleistung steigt erheblich. Durch das Übertragen der Assoziationstechnik auf jede zu bewältigende Lernsituation wird diese zu einem wichtigen Baustein Ihrer Lernmethoden.

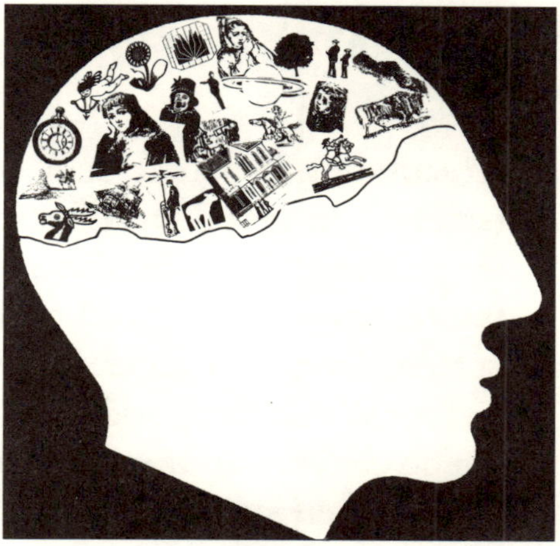

Um Ihnen zu verdeutlichen, wie Sie sich diese Technik im Alltag zunutze machen können, möchten wir Ihnen einige sinnvolle Anwendungen aufzeigen:

Die Assoziationstechnik kann auf zahlreiche alltägliche Lernsituationen übertragen werden.

Verknüpfen Sie die beiden vorgegebenen zueinandergehörigen Begriffe, indem Sie sich dazu eine bildhafte Vorstellung in Ihrem Kopf zurechtlegen:

- *Verknüpfen Sie einen Namen mit der dazugehörigen Telefonnummer*
- *oder das Datum eines Geburtstages mit der entsprechenden Person*
- *oder die Postleitzahl mit dem dazugehörigen Ort*
- *oder den botanischen Namen mit einer dazugehörigen Pflanze*
- *oder eine mathematische Formel mit einer Abbildung etc.*

Sie werden sicherlich weitere Anwendungen finden, die auf Ihre persönlichen Lernbedürfnisse zugeschnitten sind.

2.5 DIE KREATIVITÄT

Kreativität setzt Mut und Selbstvertrauen voraus.

Kreativ sein bedeutet, sein Leben phantasievoll zu gestalten. Der schöpferisch tätige Mensch braucht Mut und Selbstvertrauen um neue, ungewöhnliche Ideen in die Tat umzusetzen. Es bedarf einer festen Überzeugung, sich über Furcht vor Kritik oder Spott hinwegzusetzen, um eigene Gefühle und Gedanken zu entwikkeln und diese in Werken auszudrücken. Der kreative Mensch setzt sich über Normen hinweg und erlebt dadurch ein Stück Freiheit. Das Schaffen als Ausdruck der Persönlichkeit bereitet den Weg zur inneren Harmonie und Ausgeglichenheit.

Für die Lösung von Problemen bedeutet das, daß der Kreative auch unerprobte und ungewöhnliche Wege zur Bewältigung wählt. Damit erweitert er das Spektrum der Lösungsmöglichkeiten erheblich. Die Wahrscheinlichkeit, eine passende Lösung zu finden ist groß. Durch die vielseitigen und außergewöhnlichen Erfahrungen und Einsichten verfügen die schöpferisch Tätigen über eine hohe kristallisierte Intelligenz.

3. ERKLÄRUNG ZU DEN ÜBUNGEN

Bevor Sie mit dem Training beginnen, sollten Sie sich entspannen. Ein entspannter Zustand kann durch einfache Maßnahmen erreicht werden:

Entspannen Sie sich vor dem Training.

- *tiefes bewußtes Durchatmen*
- *beruhigende Musik*
- *entspannende Körperhaltung*
- *kurzes Schließen der Augen*

Jeder Mensch kennt die für ihn günstigste Möglichkeit, sich kurze Erholphasen zu verschaffen.
Besonders effektiv ist das Training am Morgen, wenn Sie entspannt und ausgeruht sind. Durch die Übungen werden Sie optimal auf Ihren Tagesablauf vorbereitet, da Hirnstoffwechsel und Hirndurchblutung angeregt werden.

Das tägliche 10 minütige Training sollte fester Bestandteil Ihres Tagesablaufes sein.

Die Trainingszeit sollten Sie so festsetzen, daß dieses ohne große Mühe und Aufwand tagtäglich absolviert werden kann. Für einige bietet sich der frühe Abend an, andere können Ihre Mittagspause nutzen.
Wichtig ist jedenfalls das *regelmäßige* Training. Dabei reichen zehn Minuten täglich völlig aus.
Die in diesem Buch vorgestellten Übungseinheiten sind vom Schwierigkeitsgrad im mittleren Bereich anzuordnen und stellen damit für die Mehrheit der Übenden eine geeignete Grundlage dar. Die Übungen sollten Sie herausfordern, jedoch nicht erheblich unter- oder überfordern.

3.1 DIE ÜBUNGSEINHEITEN

Dieses Buch beinhaltet 42 Übungseinheiten mit je drei Übungen, wobei eine Einheit mit 10 bis 15 Minuten Bearbeitungsdauer pro Tag vorgesehen ist.

Alle Basisgrößen werden regelmäßig beansprucht.

Es wurde bei der Auswahl der Übungen darauf geachtet, daß die verschiedenen Basisbereiche (Gedächtnis, Wahrnehmung, Konzentration, Assoziation und Kreativität) regelmäßig gefordert werden.
Die Übungseinheiten sind unabhängig voneinander gestaltet, bauen also nicht aufeinander auf. Das heißt, Sie müssen die vorgegebene Reihenfolge nicht unbedingt einhalten.

3.2 DIE ÜBUNGSANLEITUNG

Die Übungsanweisungen sind kurz und verständlich formuliert. Zu vielen Übungen wird ein Beispiel genannt, an dem Sie sich orientieren können. Grundsätzlich sind zur Lösung der Aufgaben keinerlei Vorkenntnisse erforderlich.
Um Ihnen das Ziel einer jeder Übung zu verdeutlichen, haben wir kurz beschrieben, was mit der Übung erreicht werden soll. Sie haben dadurch Gelegenheit in Ihrem Alltag zu beobachten, ob Sie dem einen oder anderen Ziel langsam näherkommen.
Wir haben bewußt keine zeitlichen Vorgaben für diese Übungen angesetzt. Sie sollten sich soviel Zeit nehmen

wie Sie benötigen, um die einzelnen Aufgaben flüssig, ohne Unterbrechung zu bearbeiten. Sie werden feststellen, daß Sie bereits nach einigen Tagen für die Übungen wesentlich weniger Zeit benötigen werden.

3.3 DIE LÖSUNGEN

Zu zahlreichen Übungen ist keine Lösungsangabe erforderlich, da es verschiedene individuelle Lösungsmöglichkeiten gibt. Die Richtigkeit der Gedächtnisübungen können Sie anhand der vorgegebenen Begriffe in der Aufgabenstellung überprüfen.
Alle anderen Lösungen finden Sie im Anschluß an jede Übungseinheit.

1. ÜBUNGSEINHEIT

Übung 1

Ziel dieser Übung:

- **Verbesserung der Wahrnehmungsleistung**
- **Konzentration auf das Wesentliche**

Sie sehen links ein Wort, rechts davon eine Buchstabenkette. Dieses Wort ist in der Buchstabenkette wiederzufinden – entweder in der richtigen, oder aber in der rückwärtigen Buchstabenfolge. Wenn Sie das Wort gefunden haben, unterstreichen Sie es bitte. Bearbeiten Sie diese Übung so schnell wie möglich.

Beispiel:

KERZE:	ELFCRZELKMARETCHLFKERZEMZREKERLMNOSSJDKFURKD
MUSTER:	REM UKL SFZ UGD ERT SUN ALG STU VBRR ETS UMLOS FWEU

Ihre Übung:

TAFEL:	UMFALESTRMBOMFATELESTAFELRUKSALFJFKETALFE
REGEN:	JZSTUMACREGENLNMRGELNMABRSTUWBFGGENSLJEIRUZT
GANG:	MGUUJXROUSGAGNUTGEANFGERFALURIUETFHHGNAGDKUR
SCHATZ:	STZ RUA STJ EMR RZTS RHA VZTAH CSM USTZ RSAT SLURJKU
MOTIV:	SRA TOVI MKL STU MITO MOT IVSR BELO PVKMTIVSLU EURMBN
ENGEL:	LANGEMARBIVEGALISCSTLENEGRNGSENGELRALREIUGKEN
GRIFF:	EESTG RITI BAFFI RGMO NIFFG RST VOP GAI FLT SUE RIU GWKRU
NADEL:	DMANGKSTUBSBVNELRSLANDEPBMLNDALUEIRUNADELIUR
LICHT:	TCHILMAKKLLICKTVKTLCHIMRKSUWVPJQLCHSLEIRLSDUIRK
ANMUT:	RMNBESTAMNUSTAERSTMUANMUTBHVNTUSRBLALEIRTNKC
TELEFON:	RSTEMLEFRBQJTLERSTBVWKSTEMUVNOFELETSLUERIUFDK
BAUM:	MAN MBAU MTTR SVJ OPR SB EAM B RAU SSTUVM U B EALURI
TURM:	ERIUWOUIERKDJIUTOSLWERIUERKDUMRUTMRMSIURMSLU
FLIEGE:	SLUERIFLWIERLDUTFLIEGESLURFLWIUERFLSIURELIUGUFL
KORB:	SLUER KFSIEURKDO U DUTOWKE RUIEKSOIRDKURKORBSIEUR

1. ÜBUNGSEINHEIT

Übung 2

Ziel dieser Übung:

- **Beschleunigung des Reaktionsvermögens**
- **Verbesserung der Wahrnehmungsleistung**

Bitte suchen Sie in diesem Kasten die Zahlen von 1 bis 30 in der richtigen Reihenfolge heraus – zuerst vorwärts, dann rückwärts. Arbeiten Sie so zügig wie möglich.

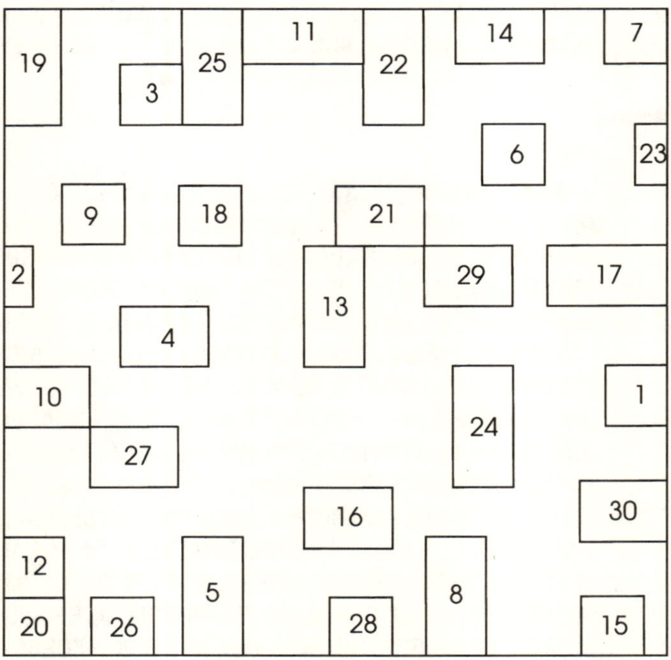

1. ÜBUNGSEINHEIT

Übung 3

Ziel dieser Übung:

- **Verbesserung der Wahrnehmungsleistung**
- **Erhöhung der Konzentrationsfähigkeit**

Sie sehen zwei dicht untereinanderstehende Buchstabenreihen, die oftmals genau übereinstimmen. Finden Sie die Buchstabenreihen heraus, die **nicht** genau gleich sind und unterstreichen Sie diese.

Beispiel:

ARKZ	BTLJ	RQSV	BRTF	SLSP	AMOV
ARKZ	BTTJ	ROSV	BRTF	SESP	AMOV

Ihre Übung:

KATF	LMOS	KSST	RFGI	LQER	EFSI
KATE	LMOS	KSST	BFGI	LQEB	EFSI
IMSL	RBKC	GCSV	HMTF	TGBD	IEML
JMSL	BRKC	GCSV	HMTE	TGRD	IEML
NGAV	RTKL	BCVS	MSDJ	ENWO	NRQT
NCAV	RTKL	BCVS	NSDJ	FNWO	NRQT
HCST	FIMS	FMUP	AADZ	TGSN	UDOS
HCST	FINS	TMUP	AACZ	TGSN	UDOS
RSKV	ALMO	PQVB	WLEZ	KRQB	IENT
RSKV	ALMQ	PQVB	WLEZ	KRQB	IFNT
AFSR	OWXZ	MBRS	ALEF	QRSV	MPFT
AFTR	OWXZ	MRBS	AEFL	QRSV	MBFT
YRWE	KLEM	ZRSA	BFET	GHMI	OHUN
XRWE	KLEM	ZRSA	BEET	GZMI	OHUN

Ergebnis: . . . . Buchstabenreihen stimmen nicht überein.

LÖSUNG

Übung 3

Es sind 22 Buchstabenreihen, die nicht übereinstimmen.

2. ÜBUNGSEINHEIT

Übung 1

Ziel dieser Übung:

- **Förderung der Zusammenarbeit beider Gehirnhälften**
- **Verbesserung der Konzentrationsfähigkeit**

Zeichnen Sie die bereits begonnene Linie spiegelbildlich nach. Die erste Übung machen Sie mit der rechten Hand, die zweite mit der linken Hand.
Mit der rechten Hand zeichen Sie wie gewohnt in Schreibrichtung, also von links nach rechts; mit der linken Hand zeichen Sie von rechts nach links.

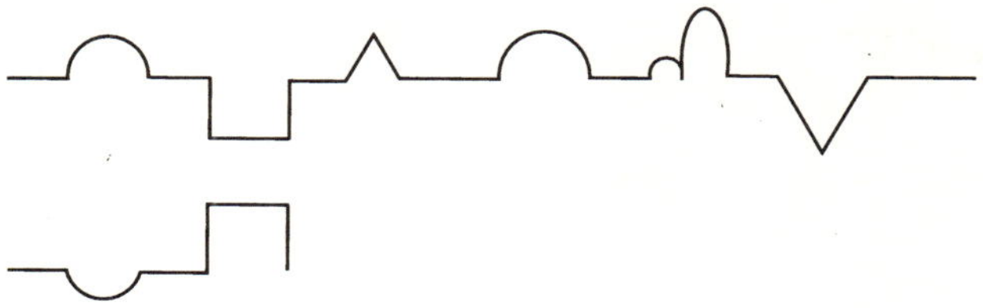

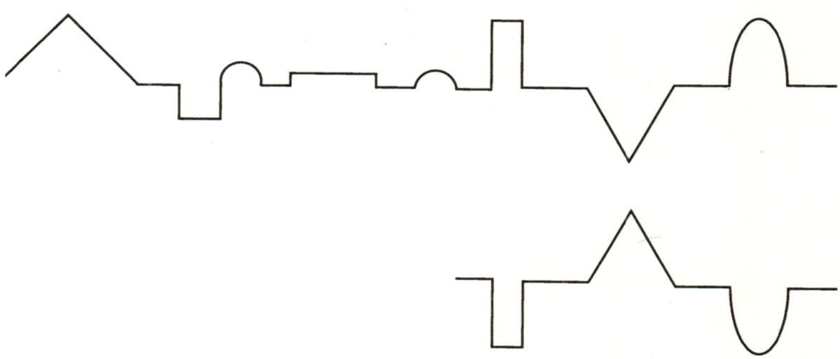

2. ÜBUNGSEINHEIT

Übung 2

Ziel dieser Übung:

- **Förderung der Kreativität**
- **Erweiterung des Wortschatzes**

Bilden Sie aus der hier vorgestellten Buchstabenfolge möglichst viele Wörter. Sie dürfen jeden Buchstaben für ein Wort mehrmals verwenden.

Beispiel:

REGAL, MATTE

L E G M A T U H R B N

2. ÜBUNGSEINHEIT

Übung 3

Ziel dieser Übung:

- **Verbesserung der Konzentrationsfähigkeit**
- **Konzentration auf das Wesentliche**
- **Verbesserung der Wahrnehmungsleistung**

Sie sehen links eine mehrstellige Zahl, rechts davon eine Zahlenreihe. Die mehrstellige Zahl finden Sie in richtiger oder rückwärtiger Reihenfolge in der Reihe wieder. Bitte unterstreichen Sie die gefundene Zahl. Arbeiten Sie dabei so schnell wie möglich.

Beispiel:

15739:	2 0 4 2 4 5 7 8 9 3 1 5 7 3 9 9 3 1 4 8 0 5 1 5 9 3 6 2
2428:	2 4 5 7 0 3 1 4 5 6 0 4 1 3 7 9 9 8 8 2 4 2 2 4 2 1 8 4

Ihre Übung:

99874:	9 0 7 4 5 2 5 4 9 7 5 8 0 1 2 3 4 6 9 9 8 7 4 2 1 4 7 9
2531:	3 4 5 2 1 7 9 8 3 1 5 0 3 1 2 6 7 8 9 0 7 1 3 5 1 3 5 2
67315:	7 6 2 4 1 5 9 8 0 7 6 1 3 2 5 6 7 3 1 5 8 9 5 7 1 3 7 6
2256:	6 5 3 1 2 2 5 8 3 1 2 2 5 6 9 7 1 2 0 5 6 3 9 7 0 1 2 8
78643:	1 7 4 5 8 0 2 3 9 3 4 6 8 7 2 1 4 3 6 6 7 9 0 1 2 2 3 6
532461:	1 3 4 9 8 6 1 1 7 9 4 2 4 7 8 2 1 6 3 4 5 3 2 4 6 1 5 7
9315:	6 9 8 7 9 5 1 3 6 9 3 1 5 4 0 9 3 5 1 1 2 5 4 0 8 9 3 5
67318:	3 4 6 7 3 1 8 0 4 3 5 7 8 9 1 6 2 3 9 9 6 1 3 5 2 2 0 6
95137:	2 4 7 9 5 1 7 3 2 6 7 0 9 3 2 7 3 1 5 9 5 5 8 1 3 7 2 0
1347:	2 0 7 1 9 7 7 4 3 1 4 7 8 0 3 1 5 0 8 4 2 1 4 7 3 0 9 6
237619:	2 3 6 9 1 5 7 8 2 3 7 6 1 9 4 0 6 3 2 1 7 6 9 1 2 4 0 7
38245:	2 1 5 6 8 3 5 4 7 1 0 5 4 8 3 1 2 0 8 6 4 2 1 5 4 2 8 3
6735:	4 2 5 6 7 5 4 3 2 2 4 5 7 8 9 6 7 3 5 2 1 7 9 6 0 7 5 4
587341:	2 4 6 5 8 9 0 2 1 4 5 6 3 2 8 7 1 2 9 5 4 1 4 3 7 8 5 7
84901:	3 4 9 4 3 1 6 7 0 8 4 9 0 1 3 2 5 7 8 3 4 1 6 4 8 7 3 1

3. ÜBUNGSEINHEIT

Übung 1

Ziel dieser Übung:

- **Verbesserung des Vorstellungsvermögens**
- **Verbesserung der Gedächtnisleistung**

Schauen Sie sich diese Wortpaare genau an und stellen Sie sich zu jedem Paar spontan eine Situation vor. Versuchen Sie sich diese Kombinationen durch Ihre bildhafte Vorstellungskraft zu merken.

Wir kommen auf diese Übung später wieder zurück.

Beispiel:

Abbildung: Vogel – Erdbeere

Ihre Vorstellung könnte sein: Ein Vogel pickt eine Erdbeere an.

Ihre Übung:

Käfig – Affe
Buch – Wasser
Apfel – Stein
Schuh – Koffer
Lampe – Schiff
Stern – Bleistift
See – Flugzeug
Palme – Papagei
Uhr – Tasche
Kissen – Regenschirm

Machen Sie nun mit der nächsten Übung weiter.

3. ÜBUNGSEINHEIT

Übung 2

Ziel dieser Übung:

- **Konzentration auf das Wesentliche**
- **Erhöhung der Aufmerksamkeit**

Sie sehen eine Wortreihe mit 50 Begriffen. Davon sind 10 Begriffe doppelt. Versuchen Sie in möglichst kurzer Zeit, die doppelten Wörter herauszufinden und unterstreichen Sie diese.

Auto – Buch – Taschenrechner – Schere – Kirche – Vogel – Tasse – Himmel – Stift – Lampe – Herz – Buch – Kugel – Brot – Schuh – Schnecke – Tasse – Finger – Hose – Messer – Aktenordner – Schublade – Himmel – Papierkorb – Schere – Teppich – Stift – Zeitschrift – Karton – Nadel – Kerze – Kommode – Schaukel – Geschenk – Schnecke – Teppich – Spiegel – Steckdose – Blume – Taschenrechner – Fenster – Heft – Bild – Tisch – Kirche – Schuh – Flasche – Ball – Wand – Spielzeug

3. ÜBUNGSEINHEIT

Fortsetzung der Übung 1

In Übung 1 haben Sie sich zwei zusammengehörige Begriffe bildhaft eingeprägt. Bitte schreiben Sie neben jeden Begriff das dazugehörige Wort auf.

K ä f i g – ____________________

W a s s e r – ____________________

S t e i n – ____________________

S c h u h – ____________________

S c h i f f – ____________________

S t e r n – ____________________

F l u g z e u g – ____________________

P a p a g e i – ____________________

U h r – ____________________

K i s s e n – ____________________

3. ÜBUNGSEINHEIT

Übung 3

Ziel dieser Übung:

- **Förderung der Kreativität**
- **Anregung der Phantasie**

Lesen Sie die Abschnitte der kurzen Geschichte aufmerksam durch. Bitte füllen Sie die Lücken dieses Textes nach Belieben, so daß eine sinnvolle Kurzgeschichte daraus entsteht.

In einer alten Steinmauer am Rande eines prächtigen Gartens hatte ein Schwalbenpaar ein Nest gebaut. Im Frühjahr fanden sich drei Eier im Nest und einige Wochen später schlüpften drei Schwalbenkinder aus. Die Eltern nannten Ihre Kleinen Mik, Mak und Muk.

____

____

____

Bei ihren ersten Flugversuchen redete die Schwalbenmutter ihren drei Kindern gut zu und machte ihnen Mut. Neugierig hüpfte Muk auf den Nestrand und schaute nach unten. Dabei verlor er das Gleichgewicht und flog! Auch Mak faßte sich ein Herz und flog seinem Bruder hinterher.

____

____

____

Nur Mik schüttelte den Kopf. Er wollte nicht denn er war zu ängstlich. Nun versuchte auch der Vogelvater seinem Jungen Mut zuzusprechen und er wurde allmählich ungeduldig. Auch die Brüder erzählten, wie schön die ersten Flugversuche waren. Trotzdem – Mik wollte nicht fliegen.

____

____

____

Müde und erschöpft aber glücklich kam Mik von seinem ersten Ausflug zurück. Stolz nickten Vater und Mutter ihm voll Anerkennung zu.

LÖSUNG

Übung 2

Folgende 10 Begriffe sind doppelt:

Buch, Taschenrechner, Schere, Kirche, Tasse, Himmel, Stift, Buch, Schuh, Schnecke

4. ÜBUNGSEINHEIT

Übung 1

Ziel dieser Übung:

- **Verbesserung der Wahrnehmungsleistung**

In dem Buchstabenquadrat haben sich 10 Wörter senkrecht oder waagerecht versteckt. Bitte finden Sie nachstehend genannten Wörter aus diesem Buchstabenquadrat heraus und umranden Sie diese.

HOCHHAUS BAUMSTAMM SPIELPLATZ LIEGEWIESE HIMMEL REISE DAUERREGEN LATERNE SCHLUESSEL STADION

A	K	L	O	H	R	B	Q	W	I	O	P	N	B	V	A	D	T	R	E
S	L	I	M	O	W	B	V	M	B	H	G	N	S	P	B	L	R	Q	X
D	I	E	R	C	L	A	T	E	R	N	E	M	C	Q	A	U	V	S	J
A	E	G	M	H	S	M	O	P	E	N	L	S	H	W	U	V	J	U	T
M	R	E	S	A	V	S	T	H	I	M	M	E	L	S	M	T	R	M	W
K	S	W	T	U	U	T	P	M	S	T	A	K	U	Q	S	R	K	W	O
S	T	I	E	S	P	E	A	T	E	C	R	U	E	W	T	M	I	V	K
T	S	E	T	G	N	M	R	G	H	S	T	E	S	T	A	D	I	O	N
S	R	S	P	I	E	L	P	L	A	T	Z	B	S	M	M	O	P	V	S
R	T	E	M	R	S	T	B	N	R	Z	U	R	E	W	M	L	O	R	X
R	W	E	D	A	U	E	R	R	E	G	E	N	L	U	V	M	O	T	O

4. ÜBUNGSEINHEIT

Übung 2

Ziel dieser Übung:

- **Erhöhung der Konzentrationsfähigkeit**
- **Verbesserung des Assoziationsvermögens**

Prägen Sie sich das Wort W E I N G L A S kurz ein. Stellen Sie sich nun das Wort vor Ihrem geistigen Auge vor. Dabei wird der erste Buchstabe der 1 zugeordnet, der 2. Buchstabe der 2 usw. Bilden Sie nun aus den vorgegebenen Ziffern neue Wörter, die sich aus den Buchstaben des Wortes »WEINGLAS« zusammensetzen.

1	2	3	4	5	6	7	8
W	E	I	N	G	L	A	S

Beispiel:

1., 2., 4., 3., 5. Buchstabe W E N I G

Ihre Übung:

4., 7., 8., 2. Buchstabe ____________________

1., 7., 4., 5., 2. Buchstabe ____________________

1., 2., 5. Buchstabe ____________________

5., 2., 8., 7., 4., 5. Buchstabe ____________________

7., 6., 6., 2., 3., 4. Buchstabe ____________________

4. ÜBUNGSEINHEIT

Übung 3

Ziel dieser Übung:

- **Verbesserung der Wahrnehmungsleistung**

Bitte verfolgen Sie mit den Augen jede einzelne Linie von den Zahlen aus zu den Buchstaben. Notieren Sie zu jeder Zahl den dazugehörigen Buchstaben. Nehmen Sie keinen Finger zur Verfolgung der Linien zur Hilfe.

Notieren Sie:

1 – __ 2 – __ 3 – __ 4 – __ 5 – __

LÖSUNGEN

Übung 1

A	K	L	O	H	R	B	Q	W	I	O	P	N	B	V	A	D	T	R	E
S	L	I	M	O	W	B	V	M	B	H	G	N	S	P	B	L	R	Q	X
D	I	E	R	C	L	A	T	E	R	N	E	M	C	Q	A	U	V	S	J
A	E	G	M	H	S	M	O	P	E	N	L	S	H	W	U	V	J	U	T
M	R	E	S	A	V	S	T	H	I	M	M	E	L	S	M	T	R	M	W
K	S	W	T	U	U	T	P	M	S	T	A	K	U	Q	S	R	K	W	O
S	T	I	E	S	P	E	A	T	E	C	R	U	E	W	T	M	I	V	K
T	S	E	T	G	N	M	R	G	H	S	T	E	S	T	A	D	I	O	N
S	R	S	P	I	E	L	P	L	A	T	Z	B	S	M	M	O	P	V	S
R	T	E	M	R	S	T	B	N	R	Z	U	R	E	W	M	L	O	R	X
R	W	E	D	A	U	E	R	R	E	G	E	N	L	U	V	M	O	T	O

Übung 2

4., 7., 8., 2. Buchstabe: NASE
1., 7., 4., 5., 2. Buchstabe: WANGE
1., 2., 5. Buchstabe: WEG
5., 2., 8., 7., 4., 5. Buchstabe: GESANG
7., 6., 6., 2., 3., 4. Buchstabe: ALLEIN

Übung 3

1 C 2 A 3 D 4 B 5 E

5. ÜBUNGSEINHEIT

Übung 1

Ziel dieser Übung:

- **Verbesserung der Konzentrationsfähigkeit**
- **Erhöhung der Aufmerksamkeit**

Bitte zählen Sie von 1 bis 100. Ersetzen Sie jedoch jede Zahl, in der eine drei vorkommt durch das Wort Hammer und jede Zahl, die eine sieben enthält durch das Wort Nagel.

Beispiel:

eins, zwei, Hammer, vier, fünf, sechs, Nagel, acht, neun, zehn, elf, zwölf, Hammer, vierzehn, fünfzehn, sechzehn, Nagel . . . . ., neunundzwanzig, Hammer, Hammer . . . . . vierzig . . . . . .

5 ÜBUNGSEINHEIT

Übung 2

Ziel dieser Übung:

- **Erweiterung des Wortschatzes**
- **Erhöhung der Konzentrationsfähigkeit**

Ergänzen Sie die vorgegebenen vier Wortanfänge mit einer Buchstabenfolge, so daß sich jeweils ein sinnvolles Wort ergibt.

Beispiel:

K
T
Pf
W
→ anne

Ihre Übung:

KA
BA
HA
WA
→ ______

SCHLA
BA
STRA
LA
→ ______

WE
SCHWE
KLE
BE
→ ______

TRA
BA
SCHA
RA
→ ______

5 ÜBUNGSEINHEIT

Übung 3

Ziel dieser Übung:

- **Logisches Denken**
- **Erkennen von Zusammenhängen**

Bitte ergänzen Sie die folgenden Zahlenreihen sinngemäß.

Beispiel:

2 4 6 8 10 12 14 16 18 20

Ihre Übung:

1 2 4 7 11 ______________________

______________________ 56

96 88 80 72 ______________________

______________________ 0

2 4 8 16 32 ______________________

______________________ 4096

250 225 201 178 156 ______________________

______________________ 3

0 2 6 12 20 30 ______________________

______________________ 182

LÖSUNGEN

Übung 2

1. ... hn: Kahn, Bahn, Hahn, Wahn

2. ... uch: Schlauch, Bauch, Strauch, Lauch

3. ... in: Wein, Schwein, klein, Bein

4. ... um: Traum, Baum, Schaum, Raum

Übung 3

1. Reihe: 1 2 4 7 11 16 22 29 37 46 56

2. Reihe: 96 88 80 72 64 56 48 40 32 24 16 8 0

3. Reihe: 2 4 8 16 32 64 128 256 512 1024 2048 4096

4. Reihe: 250 255 201 178 156 135 115 96 78 61 45 30 16 3

5. Reihe: 0 2 6 12 20 30 42 56 72 90 110 132 156 182

6. ÜBUNGSEINHEIT

Übung 1

Ziel dieser Übung:

- **Verbesserung der Gedächtnisleistung**
- **Konzentration auf das Wesentliche**
- **Erhöhung der Aufmerksamkeit**

Lesen Sie den folgenden Text aufmerksam durch.

»Das Gehirn ist leistungsfähiger als der größte Computer der Welt.
16,4 Kubikzentimeter der Hirnrinde enthalten 10 Milliarden Zellen, die durch 16.000 Kilometer Fasern miteinander verbunden sind. Bis heute kann trotz des technischen Fortschritts kein Computer die Leistungsfähigkeit eines Gehirns erreichen.
Das Gedächtnis kann rund 100 Milliarden Bits an Informationen speichern – das ist die 500fache Informationsmenge, die ein kompletter Brockhaus enthält.
Das Gehirn hält sein hohes Leistungsniveau aufrecht, indem es sich selbst schützt. Wenn die Neuronen des Gehirns durch Krankheit, Verletzung oder den Alterungsprozeß absterben, werden sie schnell von den Zellen des Nervengewebes verzehrt und verdaut.
Das Gehirn produziert über 50 auf die Psyche wirkende Substanzen, die das Gedächtnis, die Intelligenz und Wahrnehmung beeinflussen. Auch Aggressionsbereitschaft oder beruhigende Wirkungen gehen von diesen Substanzen aus.«

Nun machen Sie zunächst mit der nächsten Übung weiter.

6. ÜBUNGSEINHEIT

Übung 2

Ziel dieser Übung:

- **Verbesserung der Wahrnehmungsleistung**
- **Konzentration auf das Wesentliche**

Finden Sie aus diesem Buchstabengewirr möglichst schnell alle Buchstaben des Wortes

A B E N T E U E R S P I E L P L A T Z

heraus und streichen Sie diese Buchstaben durch.

N W S U O

F J Ö L M C E Y

W R Z U I O P P Ü Ä Q C V B

L H J N Z A Q V C Y M

Q A S E T U I O P X Y M

C V B H G J K L Ä A W E R

P W A C Y H G J J T Z U I L P S

M B V C E E U A S P T W A Y B L

E N U I P L T R N I

6. ÜBUNGSEINHEIT

Fortsetzung Übung 1

Bitte beantworten Sie nun die folgenden Fragen, die sich auf den Text der Übung 1 beziehen:

1. Gibt es Computer, die leistungsfähiger als das Gehirn sind?

2. Wieviele Bits kann das Gedächtnis speichern?

3. Durch wieviel Kilometer Faserstränge sind unsere Gehirnzellen miteinander verbunden?

4. Wie schützt sich das Gehirn vor Leistungsabfall?

5. Welche Faktoren werden durch die auf die Psyche wirkenden Substanzen, die das Gehirn produziert, beeinflußt?

6. ÜBUNGSEINHEIT

Übung 3

Ziel dieser Übung:

- **Verbesserung der Wahrnehmungsleistung**
- **Erhöhung der Konzentration**

Zählen Sie die Dreiecke in dieser Abbildung.

Es sind . . . . . Dreiecke.

LÖSUNGEN

Übung 1

1) nein

2) 100 Milliarden Bits

3) ca. 16.000 Kilometer

4) Abgestorbene Neuronen werden von den Zellen des Nervengewebes verzehrt und verdaut.

5) Gedächtnis, Intelligenz, Wahrnehmung

Übung 3

Es sind insgesamt 33 Dreiecke.

Berücksichtigen Sie, daß die beiden rechts unten dargestellten Dreiecke insgesamt nochmals ein Dreieck bilden.

7. ÜBUNGSEINHEIT

Übung 1

Ziel dieser Übung

- **Verbesserung der Gedächtnisleistung**

Bitte prägen Sie sich die folgenden Buchstabenkombinationen in 90 Sekunden so gut wie möglich ein. Es ist nicht erforderlich diese Kombinationen auswendig zu lernen, sondern lediglich diese wiederzuerkennen.

1.)	DBVKLI
2.)	TZUPOW
3.)	RWBNAV
4.)	ZOPWIB
5.)	TEWUPN
6.)	REBZFA
7.)	MPOVGI

Nun machen Sie zunächst mit der zweiten Übung weiter.

7. ÜBUNGSEINHEIT

Übung 2

Ziel dieser Übung:

- **Erhöhung der Konzentrationsfähigkeit**
- **Verbesserung der Wahrnehmungsleistung**

Bitte bilden Sie aus den verdrehten Buchstaben eines Wortes ein sinnvolles Wort. Der Anfangsbuchstabe ist jeweils unterstrichen.

Beispiel:

G E B R N O G N E – REGENBOGEN

Ihre Übung:

F O E T L N E –

K F I A M Ä R E –

D A E N K E G N –

S E I O P E –

F R N E I E –

B H I S N E E A N –

V I M O T –

7. ÜBUNGSEINHEIT

Fortsetzung der Übung 1

Bitte erinnern Sie sich, welche der Buchstabenkombinationen aus der 1. Übung die richtige ist. Unterstreichen Sie die richtige Lösung.

D B V K L I	D V K I J B	B V K D L I
T Z P K U W	T P O U Z K	T Z U P O W
B W R N U B	R W B N A V	B W R A U N
P W Z O I B	Z P W B A O	Z O P W I B
T E W U P N	T N W P O V	T E N U T Z
B R E Z V B	R E B Z F A	R B Z E F U
M P O W H K	M P O V G I	N P W V G O

7. ÜBUNGSEINHEIT

Übung 3

Ziel dieser Übung:

- **Kopfrechnen**
- **Erhöhung der Konzentrationsfähigkeit**

Bitte unterstreichen Sie die Zahlen einer Reihe, die jeweils die dahinterstehende Summe ergeben.

Beispiel:

28 12 14 6 30 3 5 27 13 54 6 8 42 = 48

Ihre Übung:

16 8 25 42 5 4 13 18 34 45 6 21 = 68

24 15 4 28 33 46 7 19 12 3 41 9 = 52

17 3 25 33 22 12 7 18 5 26 41 17 = 45

13 6 28 3 17 23 34 37 4 43 49 12 = 72

17 2 19 23 46 37 9 15 22 43 13 7 = 59

13 8 23 15 3 16 27 32 11 7 12 41 = 47

17 14 6 26 33 14 3 25 23 19 27 10 = 63

LÖSUNGEN

Übung 2

F O E T L N E	–	TELEFON
K F I A M Ä R E	–	MAIKÄFER
D A E N K E G N	–	GEDANKEN
S E I O P E	–	POESIE
F R N E I E	–	FERIEN
B H I S N E E A N	–	EISENBAHN
V I M O T	–	MOTIV

Übung 3

Hier gibt es mehrere Lösungsmöglichkeiten.
Zum Beispiel:

68 = 8 + 42 + 18

52 = 24 + 28

45 = 33 + 12

72 = 6 + 23 + 43

59 = 37 + 9 + 13

47 = 8 + 23 + 16

63 = 14 + 26 + 23

8. ÜBUNGSEINHEIT

Übung 1

Ziel dieser Übung:

- **Kreativität**
- **Gedächtnis**

Bitte sehen Sie sich die abgebildeten Bäume mit den dazugehörigen Blättern und Fruchtständen genau an. Lassen Sie diese Bilder 2 Minuten auf sich wirken. Prägen Sie sich Form und Eigenheiten der Bäume ein.

Nun machen wir zunächst mit Übung zwei weiter.

8. ÜBUNGSEINHEIT

Übung 2

Ziel dieser Übung:

- **Verbesserung der Wahrnehmungsleistung**
- **Verbesserung der Konzentrationsfähigkeit**
- **Konzentration auf das Wesentliche**

Links der Buchstabenreihe sehen Sie zwei Wörter. Eines oder beide sind in der Buchstabenreihe in der richtigen oder rückwärtigen Reihenfolge wiederzufinden. Bitte unterstreichen Sie das gefundene Wort/die gefundenen Wörter.

RAND	HERZ	DAWRUNDWPOZREHPAGOBNDA
BUCH	WIND	WI RK ST PB VW IN DR IK LBWU ST P
TOR	SCHUH	RTORMBSCOPRSTWOPSCHUHC
WEIN	ZEIT	TNOWEINMLOPREKLRUTMOTIEZ
KARTE	DECKE	KSTRETOBKJLDCKEEMETRAKE
STERN	HAUS	BNHAUSTAWERMSUAMRWORNR
FARBE	KERN	NREKMOWRBAFTUZIJOBPWETK
UHR	GEFÜHL	HRUBNÜFEGMPTSUHRBWOGÜ
BIENE	NEID	OPWNEDIBHWORSTNEIDOPVCB
HAHN	FEUER	RFEGUSTEUFEHNAHIPMREUEF
KAMM	LIED	KMM OST ROW PDI ESR LR STD EIL
SCHNUR	HILFE	HRHILFERVUSNSTOPJHRUNHCS
GABEL	RAUM	RMA ZUS TRM AUW ARM OLG ABE
TIER	LICHT	RLI ETS OP WAS TLI TCH RST IREM
MOND	FRAGE	FR AG EM OND JIKL RUST ONKD M

Es sind ingesamt . . . Begriffe.

8. ÜBUNGSEINHEIT

Fortsetzung Übung 1

Bitte ordnen Sie jedem Baum das richtige Blatt und die dazugehörige Frucht zu, indem Sie jedes Blatt und jede Frucht mit der entsprechenden Buchstabenbezeichnung des Baumes markieren. (Beispiel: Eiche A, Eichenblatt A, Eichel A)

8. ÜBUNGSEINHEIT

Übung 3

Ziel dieser Übung:

- **Förderung der Ausdauer**

Das Buchstabenrechteck bildet ein Sprichwort. Finden Sie dieses Sprichwort heraus, indem Sie die nebeneinanderliegenden oder übereinanderliegenden Buchstaben zu sinnvollen Worten aneinanderreihen. Der erste Buchstabe des Sprichwortes ist mit einem * gekennzeichnet.

W*	S	T
E	A	E
R	R	T
R	E	D
R	O	S
T	E	T

Das gesuchte Sprichwort heißt:

LÖSUNGEN

Übung 2

Es sind insgesamt 19 Begriffe.

Übung 3

Das gesuchte Sprichwort heißt:

Wer rastet der rostet.

9. ÜBUNGSEINHEIT

Übung 1

Ziel dieser Übung:

- **Koordination von Bewegungsabläufen**
- **Förderung der Zusammenarbeit beider Gehirnhälften**

Malen Sie zunächst mit der rechten, dann mit der linken Hand die abgebildeten einfachen Figuren. Wiederholen Sie dies einige Male auf der Stelle. Nun malen Sie mit beiden Händen *gleichzeitig* die nebeneinanderstehenden Formen. Wiederholen Sie dies so häufig, bis Sie die Bewegungen sicher koordinieren können.

---

linke Hand

rechte Hand

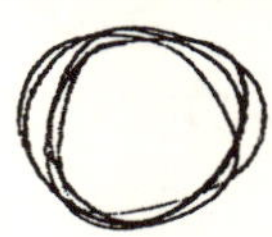

linke Hand

rechte Hand

linke Hand

rechte Hand

9. ÜBUNGSEINHEIT

Übung 2

Ziel dieser Übung:

- **Erhöhung der Konzentrationsfähigkeit**
- **Konzentration auf das Wesentliche**
- **Verbesserung der Wahrnehmungsleistung**

Im folgenden Buchstabenrechteck haben sich waagerecht insgesamt 15 Tiere versteckt. Finden Sie diese heraus und unterstreichen Sie sie. Arbeiten Sie so zügig und genau wie möglich.

HMOSTUVKAMELKOPISTVRKLMOPZEBRARSTVB
NNORSLSTIOPEWKVISTMOWIKOPELEFANTRBST
BSREBDASXYZTDEKUHGKOPÜÄAQYXWEUZTBU
GIRAFFEPARKLÖARMOWPLOVEGMRKLPAPAGEI
IRSTUVMNOPÜAQXUIXCVRZUTIIOGBHILPLÖWE
WERSMOPWEQXCJIOPÜFRGTSHUNDIOPPÜQW
MBKUJNOPAQWICXIOPYSERMBOSTORCHWÜRS
TIOPBSORTZUIOIKATZEQWCMBNOPÜAWQRSTBL
OPFERDITIOGEOPTERBMOÜSTOTIOPGLAMCVN
HENBTUIJFKWETIGERMOPAWEFKLAFFEKLPWSZA
UIÜQYVBNIRSTBSCHLANGEIOPRUZTQWACVXN
MBJFROSCHWRTAZUIOFMVNBYJKPÜQAWERRS

9. ÜBUNGSEINHEIT

Übung 3

Ziel dieser Übung:

- **Verbesserung der Wahrnehmungsleistung**
- **logisches Denken**
- **Erkennen von Zusammenhängen**

In den ersten drei Kreisen befinden sich Motive, die sich in jedem Kreis verändern. Bitte wählen Sie aus den danebenstehenden fünf Figuren diejenige aus, welche sinngemäß in den vierten Kreis hineinpaßt.

Beispiel:

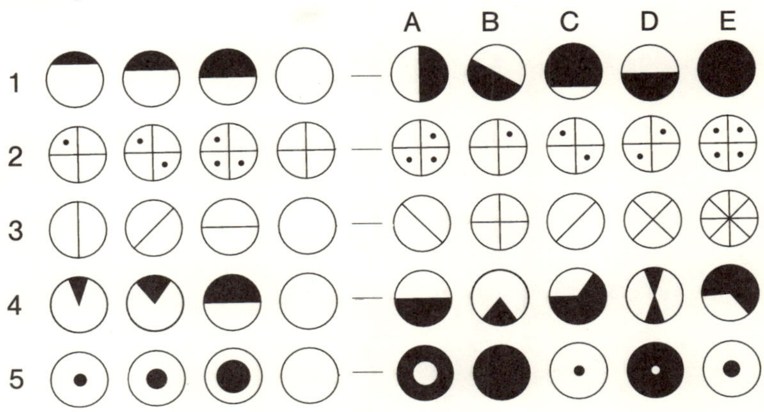

1 __ 2 __ 3 __ 4 __ 5 __

LÖSUNGEN

Übung 2

In folgender Reihenfolge sind diese 15 Begriffe zu finden:

Kamel, Zebra, Elefant, Kuh, Giraffe, Papagei, Löwe, Hund, Storch, Katze, Pferd, Tiger, Affe, Schlange, Frosch

Übung 3

1 C   2 E   3 A   4 E   5 B

10. ÜBUNGSEINHEIT

Übung 1

Ziel dieser Übung:

- **Erhöhung der Konzentrationsfähigkeit**
- **Erhöhung der Aufmerksamkeit**

Die nachfolgenden Worte sind in zwei Teile zerlegt. Fügen Sie diese wieder zusammen und notieren Sie die zusammengehörigen Zahlen-Buchstabenkombinationen.

Beispiel:

1)	Uhr	a)	ndlampe
2)	Stu	b)	enkasten
3)	Wa	c)	hllehne

1b 2c 3a

Ihre Übung:

1)	Schorn	a)	geber
2)	Neu	b)	dheit
3)	Rundb	c)	digung
4)	Bed	d)	steinfeger
5)	Vorst	e)	altung
6)	Rat	f)	zung
7)	Verw	g)	ogen
8)	Kin	h)	reise
9)	Verlet	i)	enhimmel
10)	Welt	j)	eutung
11)	Stern	k)	igkeit
12)	Entschul	l)	ellung

1_ 2_ 3_ 4_ 5_ 6_ 7_ 8_ 9_ 10_ 11_ 12_

10. ÜBUNGSEINHEIT

Übung 2

Ziel dieser Übung:

- **Logisches Denken**
- **Verbesserung der Wahrnehmungsleistung**

Wieviele Quadrate sehen Sie auf dieser Abbildung? Berücksichtigen Sie auch die Quadrate, die sich aus mehreren kleinen Quadraten zusammensetzen.

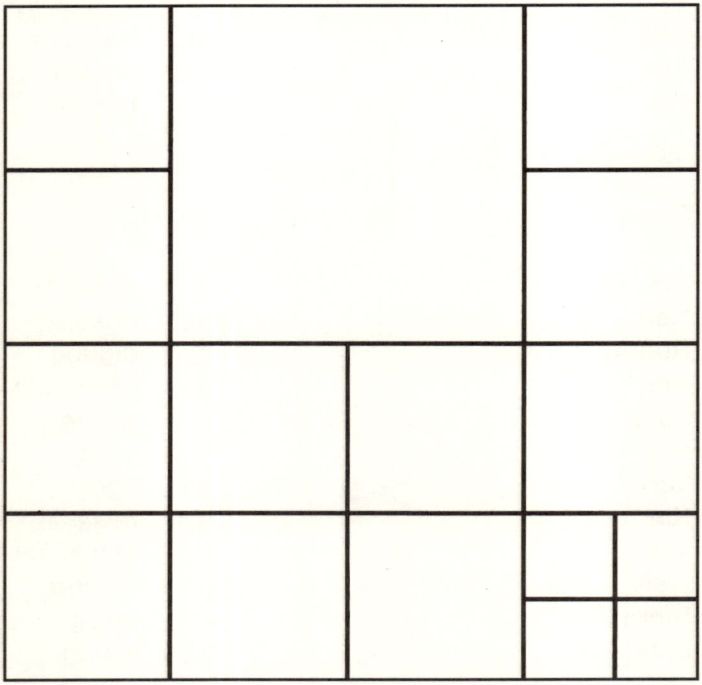

Es sind __________ Quadrate.

10. ÜBUNGSEINHEIT

Übung 3

Ziel dieser Übung:

- **Erhöhung der Konzentrationsfähigkeit**
- **Kopfrechnen**

Finden Sie durch dieses Zahlengewirr den Weg von A nach B, wobei die Summe des Weges 200 ergibt und den Weg von C nach D, wobei die Summe des Weges 210 ergibt. Zeichnen Sie den Weg ein, indem Sie die Kästchen miteinander verbinden.

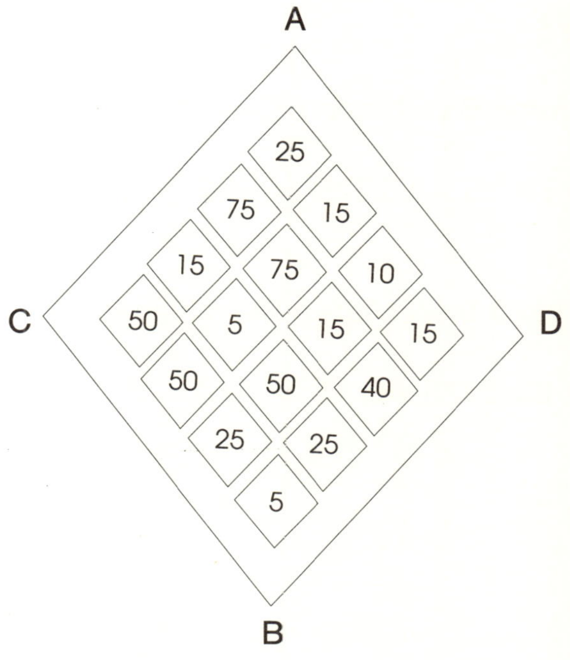

LÖSUNGEN

Übung 1

1d 2k 3g 4j 5l 6a 7e 8b 9f 10h -
11i 12c

Übung 2

Es sind 21 Quadrate.

Übung 3

Von A nach B verbinden Sie miteinander:

25, 15, 75, 15, 40, 25, 5 = 200

Von C nach D verbinden Sie miteinander:

50, 50, 25, 5, 25, 40, 15 = 210

11. ÜBUNGSEINHEIT

Übung 1

Ziel dieser Übung:

- **Verbesserung der Gedächtnisleistung**
- **Verbesserung des Assoziationsvermögens**

Merken Sie sich die folgenden waagerechten Wortgruppen. Nehmen Sie sich dafür drei Minuten Zeit. Wenden Sie die Assoziationsmethode an, die Sie aus vorhergehenden Übungen kennen. Stellen Sie sich zu den Begriffen bildliche Situationen vor.

Ball	–	Eimer	–	Wasser
Haus	–	Vogel	–	Nest
Garten	–	Zaun	–	Harke
Straße	–	Auto	–	Schild
Regen	–	Wolke	–	Blume
Tisch	–	Vase	–	Kerzenständer
Fluß	–	Boot	–	Wellen
Buch	–	Brille	–	Schaukelstuhl
Lampe	–	Heft	–	Schreibtisch
Baum	–	Apfel	–	Korb
Wiese	–	Blumen	–	Honig
Kerze	–	Wein	–	Musik

Auf diese Übung kommen wir später zurück.

11. ÜBUNGSEINHEIT

Übung 2

Ziel dieser Übung:

- **Erhöhung der Aufmerksamkeit**
- **Verbesserung der Wahrnehmungsleistung**
- **Erhöhung der Konzentrationsfähigkeit**

Sie sehen ein Quadrat, welches aus drei verschiedenen Mustern zusammengesetzt ist. Bitte finden Sie die gleichen Muster heraus, die in folgender Weise angeordnet sind und verbinden Sie diese miteinander:

Beispiel:

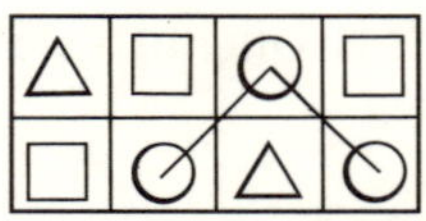

Ihre Übung:

△	○	□	○	△	□	○	□	△	△
○	□	○	△	□	○	□	△	○	△
○	○	□	○	△	□	△	○	□	○
△	○	△	□	○	△	□	△	○	□
○	△	○	□	△	□	△	○	□	△
□	○	△	○	△	□	△	□	○	□
□	△	○	△	□	△	○	□	△	△
△	○	△	□	○	□	△	○	○	□
○	△	○	□	△	□	○	△	○	○
□	△	○	△	□	△	△	○	□	△

Es sind . . . . . Musterkombinationen.

11. ÜBUNGSEINHEIT

Fortsetzung Übung 1

Es werden zwei Wörter der Wortkette vorgegeben. Bitte ergänzen Sie das dazugehörige dritte Wort.

Ball	–		–	Wasser
Haus	–	Vogel	–	
	–	Zaun	–	Harke
Straße	–		–	Schild
Regen	–	Wolke	–	
Tisch	–	Blumenvase	–	
	–	Boot	–	Wellen
Buch	–		–	Schaukelstuhl
Lampe	–	Heft	–	
	–	Apfel	–	Korb
	–	Blumen	–	Honig
Kerze	–		–	Musik

11. ÜBUNGSEINHEIT

Übung 3

Ziel dieser Übung:

- **Förderung der Ausdauer**

Das Buchstabenrechteck bildet ein Sprichwort. Finden Sie dieses Sprichwort heraus, indem Sie die nebeneinanderliegenden oder übereinanderliegenden Buchstaben zu sinnvollen Worten aneinanderreihen. Einzelne Buchstaben dürfen doppelt benutzt werden. Der erste Buchstabe des ersten Wortes ist mit einem * gekennzeichnet.

L*	E	N	I	E
Ü	N	H	A	B
G	E	K	N	E
		U	R	Z

Das gesuchte Sprichwort heißt:

LÖSUNGEN

Übung 2

Es sind 17 Musterkombinationen.

Übung 3

Das gesuchte Sprichwort lautet:

Lügen haben kurze Beine.

12. ÜBUNGSEINHEIT

Übung 1

Ziel dieser Übung:

- **Erhöhung der Konzentrationsfähigkeit**
- **Erhöhung der Aufmerksamkeit**

Auf der rechten und linken Seite finden Sie je einen Begriff. Setzen Sie je einen Begriff der linken Seite mit einem Begriff der rechten Seite so zusammen, daß diese ein sinnvolles Wort bilden.

Beispiel:

1) Zahn	a) Kanne
2) Parfüm	b) Bürste
3) Tee	c) Flasche

1 b 2 c 3 a

Ihre Übung:

1) Milch	a) schein
2) Park	b) Garten
3) Buch	c) Rahmen
4) Sitz	d) Regal
5) Stuhl	e) Beet
6) Vogel	f) Uhr
7) Straßen	g) Lehne
8) Kinder	h) Stütze
9) Tier	i) Flasche
10) Mond	j) Bank
11) Bilder	k) Fenster
12) Himmel	l) Park
13) Bücher	m) Laterne
14) Schau	n) Haus
15) Rosen	o) Bett

1___	2___	3___	4___	5___
6___	7___	8___	9___	10___
11___	12___	13___	14___	15___

12. ÜBUNGSEINHEIT

Übung 2

Ziel dieser Übung:

- **Wortfindung**
- **Konzentration auf das Wesentliche**

Genannt werden verschiedene Oberbegriffe, zu welchen Sie eine möglichst große Anzahl von Unterbegriffen finden sollen.

Beispiel:

Wassersportarten

Wasserball	Wassergymnastik
Turmspringen	Wasserballett
Tauchen	Schwimmen

Ihre Übung:

Hallensportarten

Pferdesportarten

Wintersportarten

12. ÜBUNGSEINHEIT

Übung 3

Ziel dieser Übung:

- **Kopfrechnen**

Finden Sie aus den folgenden Zahlenreihen jeweils die Zahlen heraus, die sich durch die vornestehende Zahl teilen lassen.
Unterstreichen Sie die entsprechenden Zahlen.

Beispiel:

Teilbar durch 3: 4 6 8 9 12 14 15 27 30 34 46 51

Ihre Übung:

Teilbar durch 4: 2 6 8 18 24 30 32 36 52 54 60 62

Teilbar durch 6: 10 12 18 26 30 38 42 46 66 68 78

Teilbar durch 7: 12 14 18 21 30 35 44 49 64 84 91

Teilbar durch 8: 14 16 22 24 30 40 46 56 72 92 96

Teilbar durch 9: 16 18 25 27 52 63 84 99 107 117

Teilbar durch 12: 22 36 50 60 74 86 96 132 140 156

Teilbar durch 15: 20 35 45 60 70 90 95 105 120 145

Teilbar durch 17: 32 51 64 68 85 104 119 132 153 204

LÖSUNGEN

Übung 1

1i 2f 3h 4j 5g 6n 7m 8b 9l 10a

11c 12o 13d 14k 15e

Übung 2

Teilbar durch 4: 8 24 32 36 52 60

Teilbar durch 6: 12 18 30 42 66 78

Teilbar durch 7: 14 21 35 49 84 91

Teilbar durch 8: 16 24 40 56 72 96

Teilbar durch 9: 18 27 63 99 117

Teilbar durch 12: 36 60 96 132 156

Teilbar durch 15: 45 60 90 105 120

Teilbar durch 17: 51 68 85 119 153 204

13. ÜBUNGSEINHEIT

Übung 1

Ziel dieser Übung:

- **Wortfindung**
- **Erweiterung des Wortschatzes**

Bitte finden Sie möglichst viele Worte mit der Vorsilbe »auf«.

Beispiel:

aufmerksam, aufstellen

Ihre Übung:

13. ÜBUNGSEINHEIT

Übung 2

Ziel dieser Übung:

- **Verbesserung der Wahrnehmungsleistung**
- **Kopfrechnen**

Sie sehen verschiedene Ansammlungen von Geldmünzen mit unterschiedlichen Werten. Bitte versuchen Sie möglichst schnell zu erfassen, um welchen Wert es sich insgesamt handelt und schreiben Sie diesen Wert daneben.

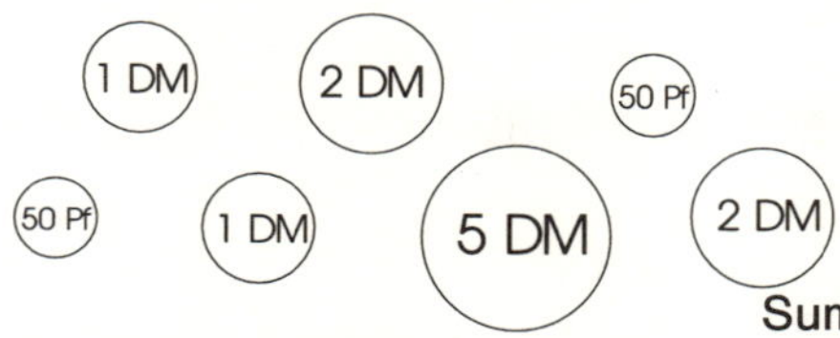

Summe: ______

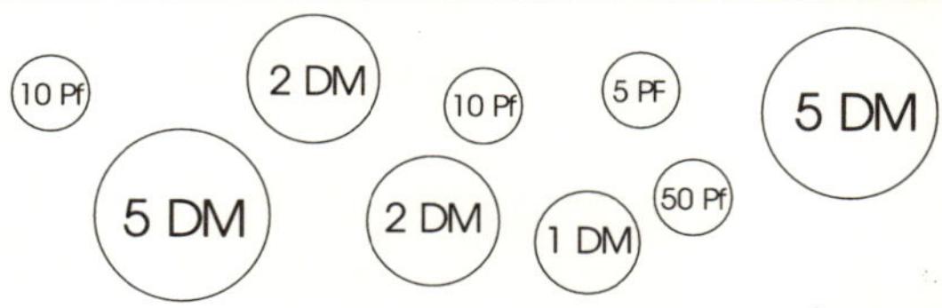

Summe: ______

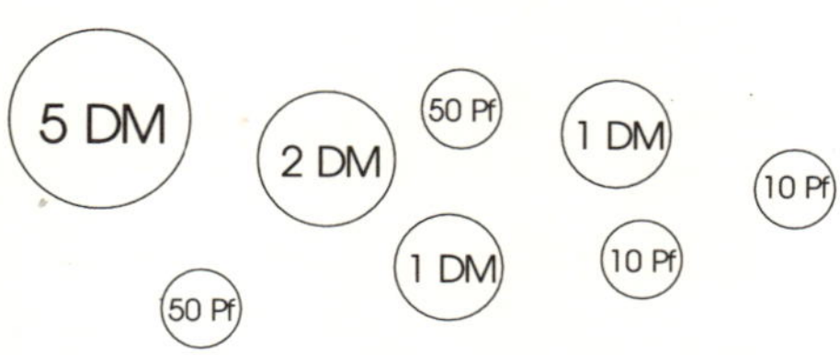

Summe: ______

13. ÜBUNGSEINHEIT

Übung 3

Ziel dieser Übung:

- **Verbesserung der Wahrnehmungsleistung**

In den folgenden Buchstabenreihen finden Sie waagerecht verschiedene Blumen versteckt. Es können mehrere Begriffe in einer Buchstabenreihe zu finden sein, insgesamt sind es 15. Bitte unterstreichen Sie diese.

STUVEILCHENWRSTMOPRSTMOPVXTULORERSTREWEPL

UTRSTWERSTPORBWERTSTMOPTWASDSTEIMARGERITE

GORITEITEWORSTPOUVBNMOPTERSTCUILUPWEMCV

MKOPGMPOIESFRTFROSRMOERNESORRSMOTMPTLIRT

GÄNSEBLÜMCHENRSTMKVTOPWERMORTMBTULPERS

TMVOVMITSTERASTERVMOTPRTSTRBLÖWENZAHNVMRU

WERTMOTWLRLBMTRPRSBMAIGLÖCKCHENRMSTNOT

WMUITULRPEOSENARZISSEMOSTATUVSTERNRMBNER

KENVMTKLSÜPTERAMKTURSOPENELKEERSTUOPBNKLII

OPEWRPBMFREMIOPRSTOPRSFREESIENMBLUTMENK

RNBKROPERSTMINKORNBLUMERNBOBTWSTMOLILIEM

BIOVLSLJFJTKOSTIKMDLOKLOPERWASTNOPRSTAKAZIE

BNHHUZDFLKGLLGÄROPERFLIEDERMTBSRSBMALTST

ERMOBOWERSTMORSTOPUVBTMNMOPERSTIORNAORW

OIRISMLOPTNBBSREOWMBRITTERSPORNMNOWPTST

LÖSUNGEN

Übung 2

12,00 DM 15,75 DM 10,20 DM

Übung 3

In folgender Reihenfolge sind diese Begriffe zu finden:

Veilchen, Margerite, Gänseblümchen, Tulpe, Aster, Löwenzahn, Maiglöckchen, Narzisse, Nelke, Freesie, Kornblume, Lilie, Akazie, Flieder, Rittersporn

14. ÜBUNGSEINHEIT

Übung 1

Ziel dieser Übung:

- **Verbesserung der Gedächtnisleistung**

Prägen Sie sich die folgenden Abbildungen gut ein. Nehmen Sie sich 90 Sekunden Zeit. Achten Sie auf Details!

Nun fahren Sie zuerst mit Übung zwei fort.

14. ÜBUNGSEINHEIT

Übung 2

Ziel dieser Übung:

- **Erweiterung des Wortschatzes**
- **Wortfindung**

Suchen Sie möglichst viele Wörter, in denen das Wortteil DENK eingebunden ist.

Beispiel:

ANDENKEN

14. ÜBUNGSEINHEIT

Fortsetzung Übung 1

Suchen Sie aus den folgenden Abbildungen die neun Bilder heraus, die Sie aus Übung 1 kennen. Kreuzen Sie die entsprechenden Bilder an.

14. ÜBUNGSEINHEIT

Übung 3

Ziel dieser Übung:

- **Verbesserung der Wahrnehmungsleistung**
- **Verbesserung des Assoziationsvermögens**
- **Erkennen von Zusammenhängen**

Betrachten Sie genau das gesamte Bild. Nun finden Sie die Bildausschnitte in dem Gesamtbild wieder, indem Sie die richtige Buchstaben-Zahlen Kombination dem Bildausschnitt zuordnen.

Beispiel:

4A

___

___

Ihre Übung:

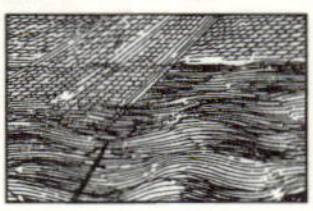

___

___

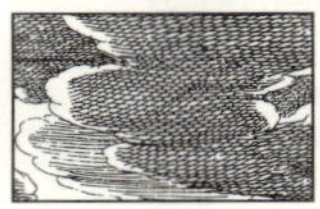

___

A B C D

1 2 3 4 5

LÖSUNG

Übung 3

4C, 2C, 2D, 5A, 1B

15. ÜBUNGSEINHEIT

Übung 1

Ziel dieser Übung:

- **Verbesserung des Assoziationsvermögens**
- **Anregung der Phantasie**

Finden Sie möglichst viele Bezeichnungen von Gegenständen, auf die Sie sich setzen können. Lassen Sie Ihrer Phantasie freien Lauf – es müssen durchaus nicht nur Sitzmöbel genannt werden.

Beispiel:

Stuhl	Treppe	Schaukel

Ihre Übung:

______	______	______
______	______	______
______	______	______
______	______	______
______	______	______

15. ÜBUNGSEINHEIT

Übung 2

Ziel dieser Übung:

- **Verbesserung der Gedächtnisleistung**
- **Konzentration auf das Wesentliche**
- **Erhöhung der Aufmerksamkeit**

Bitte lesen Sie sich den nun folgenden Text aufmerksam durch:

Der Anteil älterer und alter Menschen an der Gesamtpopulation in der Bundesrepublik Deutschland und anderer Industrienationen ist in einem kontinuierlichen Anstieg begriffen. Läßt sich im ausgehenden 19. Jahrhundert die Zahl der über sechzigjährigen auf ca. 5% an der Gesamtbevölkerung beziffern, so ist sie in der Bundesrepublik Deutschland im Jahr 1990 bereits auf 23% gestiegen; demographische Prognosen gehen bis zum Jahr 2030 von einem weiteren Anstieg auf ca. 40% aus. Insgesamt kann also davon ausgegangen werden, daß sich die Alterspyramide in umgekehrter Richtung zuspitzt.
Die aktuelle Alternsforschung setzt den »Alternsbeginn« durchweg im 5. Lebensjahrzehnt fest. Wenn auch prinzipiell gilt, daß wesentliche Grundlagen für die Befindlichkeit im Alter sich lebenslang entwickeln, so kommt der mittleren Lebensphase und dem Alternsbeginn doch eine besondere Bedeutung zu, gerade auch im Hinblick auf präventive Möglichkeiten der Vermeidung bzw. Vorbeugung von Beeinträchtigung im Alter.
(Quelle: Deutsche Zentrale für Volksgesundheitspflege e. V., Frankfurt am Main: »Geistig fit bis ins hohe Alter«)

Machen Sie nun bitte erst mit der nächsten Übung weiter.

15. ÜBUNGSEINHEIT

Übung 3

Ziel dieser Übung:

- **Förderung der Kreativität**
- **Anregung der Phantasie**
- **Konzentration auf das Wesentliche**

Stellen Sie sich vor, Sie feiern eine große Geburtstagsfeier mit zahlreichen Gästen. Zu diesem Zwecke entwerfen Sie eine Einladungskarte. Gestalten Sie diese Karte nach Ihren Vorstellungen und berücksichtigen Sie vor allem, alle dafür notwendigen Daten (Datum, Uhrzeit etc.)

---

15. ÜBUNGSEINHEIT

Fortsetzung Übung 2

Wir beziehen uns in den nun folgenden Aussagen auf den Text, den Sie in Übung zwei gelesen haben. Bitte entscheiden Sie, ob diese Aussagen richtig oder falsch sind.

	richtig	falsch
Die Altersforschung setzt den beginnenden Altersprozeß im 6. Lebensjahrzehnt fest.		
Präventive Möglichkeiten zur Vermeidung von Altersbeschwerden haben schon in der mittleren Lebensphase eine besondere Bedeutung.		
Demographische Prognosen gehen bis zum Jahre 2030 mit einem Anstieg der über 60jährigen auf 40% aus.		
Im ausgehenden 19. Jahrhundert betrug die Zahl der über 60jährigen bereits 15% der Gesamtbevölkerung.		
Der Anteil älterer Menschen an der Gesamtbevölkerung steigt in der Bundesrepublik Deutschland kontinuierlich an, während er in den anderen Industrienationen stagniert.		
Wesentliche Grundlagen für die Befindlichkeit im Alter entwickeln sich lebenslang.		

LÖSUNG

Übung 2

1. Frage	–	falsch
2. Frage	–	richtig
3. Frage	–	richtig
4. Frage	–	falsch
5. Frage	–	falsch
6. Frage	–	richtig

16. ÜBUNGSEINHEIT

Übung 1

Ziel dieser Übung:

- **Verbesserung der Wahrnehmungsleistung**
- **Erhöhung der Aufmerksamkeit**

Bitte zählen Sie auf der folgenden Abbildung, wieviele große und wieviele kleine Motive zu sehen sind.

Es sind ____ große Motive und ____ kleine Motive.

16. ÜBUNGSEINHEIT

Übung 2

Ziel dieser Übung:

- **Erhöhung der Konzentrationsfähigkeit**
- **Verbesserung der Wahrnehmungsleistung**
- **Erhöhung der Aufmerksamkeit**

Bitte unterstreichen Sie alle Vokale (A, E, I, O, U) in dem folgenden Buchstabenkästchen.

D S A W R T Z U J H G F U O P L K M N B

S A Q C V T E U I L O P S A Y X F R E T

W Q X F D U I N G D E R A S F U I O P M

Q W S C F R T Z U J A S W I O K J G H N

W A C X F G J K L O U I N B V G R E U D

W A S X F U G H J I M N K O E D S A W S

W S C F E G H Z N J I K L T Z U O B N A

W A S C F G B N J I O P L M J U F D E A

Es sind . . . . . Vokale.

Übung 3

Ziel dieser Übung:

- **Erweiterung des Wortschatzes**
- **Wortfindung**

Bilden Sie aus dem Wort

K O N Z E N T R A T I O N

möglichst zahlreiche andere Wörter. Sie dürfen jeden Buchstaben mehrmals verwenden.

Beispiel:

K O N T R A, N E R Z

Ihre Übung:

LÖSUNGEN

Übung 1

Es sind 8 große und 8 kleine Motive.

Übung 2

Es sind 45 Vokale.

17. ÜBUNGSEINHEIT

Übung 1

Ziel dieser Übung:

- **Förderung der Ausdauer**

In dem unten gezeigten Labyrinth befindet sich in der Mitte ein *, welches Sie erreichen sollten. Viele Wege führen in eine Sackgasse. Versuchen Sie diese zu meiden. Zeichnen Sie den Weg ein, der ohne Hindernis in die Mitte des Labyrinthes führt.

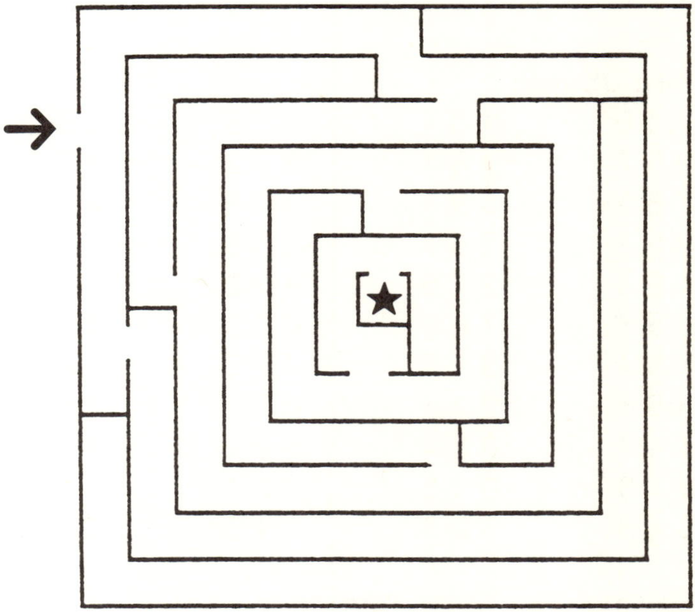

17. ÜBUNGSEINHEIT

Übung 2

Ziel dieser Übung:

- **Erhöhung der Konzentrationsfähigkeit**
- **Kopfrechnen**

Sie sehen unten Dreiergruppen von Zahlen. Bitte unterstreichen Sie die Zahlengruppe, die jeweils zusammengerechnet einen niedrigeren Wert als 12 besitzt.

Beispiel:

1 7 4	1 3 5	6 8 3	1 4 2

Ihre Übung:

1 4 6	1 3 4	1 5 8	3 5 2
2 5 7	1 8 1	2 5 3	2 7 5
7 8 3	5 9 1	3 1 6	4 2 7
9 5 2	2 6 4	1 5 8	2 4 6
1 6 3	2 7 5	9 3 2	6 7 1
2 5 7	7 6 9	6 2 3	4 1 5
7 3 4	5 1 2	4 2 7	6 8 1
3 5 6	2 1 8	9 4 1	4 5 6
1 4 7	8 3 4	5 2 7	6 1 4
3 7 8	9 4 5	7 2 4	5 3 1
8 4 6	7 2 3	1 4 5	6 2 4

Es sind . . . . . Zahlengruppen.

17. ÜBUNGSEINHEIT

Übung 3

Ziel dieser Übung:

- **Verbesserung der Wahrnehmungsleistung**
- **Verbesserung der Konzentrationsfähigkeit**
- **Konzentration auf das Wesentliche**

Sie sehen links ein Wort, welches in der rechts davon stehenden Buchstabenkette wiederzufinden ist. Das Wort ist dort in der richtigen oder rückwärtigen Buchstabenfolge versteckt. Unterstreichen Sie den gefundenen Begriff. Bearbeiten Sie diese Übung so zügig wie möglich.

KRONE	IEOENKROWENDHSLROENWORKDNSKRONESRMRO
HITZE	AGHIEFDTAO DHZ TSI WOR EZT IHS LRI OHT ZIE SDR HE
SCHIRM	URI OSC HOR IMC HEO SUR SCH IRM DKS LRO PTS CHW

LINEAL	INA LEI RNI R O W LIN EAL RIV HEL AOR LIW ALR MIN OWS
BOGEN	BGO NEN GKE ONR BOR HKE NBN EGO EWN RNE GOB S
KETTE	RNKETZTOEKSORKTTNEKETTENVKSLRIKETNENETT-

KLAVIER	IE NTI ENT KLA VNR IET KIE JGB NKL AVI ERN FIR LER KLS
TINTE	KEO RNF NTI SNS CHE RNE TNI TSL FRI OTI STE IRK NTE
TASTE	SKR LTA STE KDL RNS TST ARK ELT TK RA SCN EMT IENA

FREUDE	OEREIEFNEURDKWLREDUERFSLRKFNDKREUFDELTR
WIESE	ERISLCNRMWSIESSLRIEWODNCRIESEIWRISLCNRW
TIGER	ISLGB NRI DNT IGE RDK SLR ITG REK DRO GTG SER ISRM

NAGEL	ASFFNAASRUWKFJALSJFUREIRUELEGANSLUERISD
GESICHT	SLJ GUW OER IUD GES ICH TSL DUR OWG KE RUO ADR U
SCHUH	HUSLDKURSCHSLARSKDFURSJVNERUSCHUHSLRJ

LÖSUNGEN

Übung 1

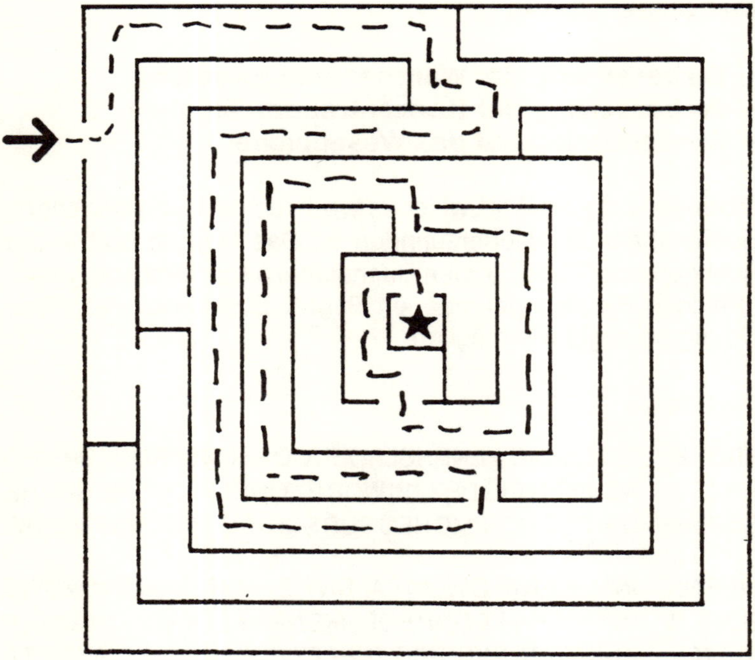

Übung 2

Es sind 14 Zahlengruppen.

18. ÜBUNGSEINHEIT

Übung 1

Ziel dieser Übung:

- **Logisches Denken**
- **Verbesserung der Wahrnehmungsleistung**
- **Erkennen von Zusammenhängen**

In den ersten drei Kästchen befinden sich Motive, die sich von links nach rechts verändern. Bitte wählen Sie aus den danebenstehenden fünf Figuren diejenige aus, welche sinngemäß in das vierte Kästchen hineinpaßt.

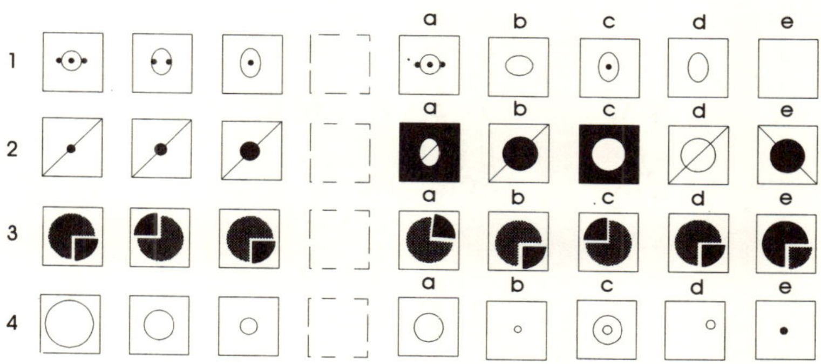

18. ÜBUNGSEINHEIT

Übung 2

Ziel dieser Übung:

- **Verbesserung der Gedächtnisleistung**

Bitte merken Sie sich die folgenden Oberbegriffe mit den dazugehörigen Unterbegriffen. Sie haben zwei Minuten Zeit, um sich die Begriffe einzuprägen. Wir kommen später wieder auf diese Übung zurück.

B Ä U M E

Eiche Buche Linde Ahorn Tanne

M U S I K I N S T R U M E N T E

Flöte Oboe Trompete Pauke Geige

T I E R E

Elefant Giraffe Löwe Esel Känguruh

S P O R T A R T E N

Tennis Rudern Radfahren Schwimmen Golf

18. ÜBUNGSEINHEIT

Übung 3

Ziel dieser Übung:

- **Konzentration auf das Wesentliche**
- **Verbesserung der Wahrnehmungsleistung**

Überprüfen Sie in den folgenden Buchstabenspalten, ob zwei gleiche Buchstaben schräg übereinander stehen und streichen Sie diese bitte durch.

Beispiel:

RK	SD	EM	TU
LR	IO	MA	RE
SL	OP	GH	WP

Ihre Übung:

FJ	TZ	SI	JL
TI	AO	DS	PR
RT	KP	ED	RJ
WE	PE	SE	ZL
TW	IK	AO	LP
EA	OI	GH	PT
AK	LP	OG	RP
QI	PG	SE	WU
IT	AM	BS	VF
VA	KA	SW	XB
ZM	CJ	WB	IX
MK	RB	ST	LI
VX	SR	TL	CM
DV	BK	LF	NC
BO	RS	IM	FN
DK	SW	BJ	WX
WA	FN	JR	ID
AB	TL	RM	XA
SD	EL	BM	AU
DR	HU	RB	LO
GB	US	TN	OA
RV	RT	NB	IP
VC	WJ	IE	AX
ZP	JU	WI	XP

Es sind . . . . . Buchstabenanordnungen.

18. ÜBUNGSEINHEIT

Fortsetzung Übung 2

Nennen Sie nun zu den Oberbegriffen, die Unterbegriffe, die Sie in Übung zwei gelernt haben.

BÄUME:

MUSIKINSTRUMENTE:

TIERE:

SPORTARTEN:

LÖSUNGEN

Übung 1

1d	2b	3c	4b

Übung 3

Es sind 42 Anordnungen.

19. ÜBUNGSEINHEIT

Übung 1

Ziel dieser Übung:

- **Verbesserung der Gedächtnisleistung**
- **Verbesserung der Wahrnehmungsleistung**
- **Konzentration auf das Wesentliche**

Prägen Sie sich die nachstehenden Formenkombinationen in zwei Minuten gut ein.

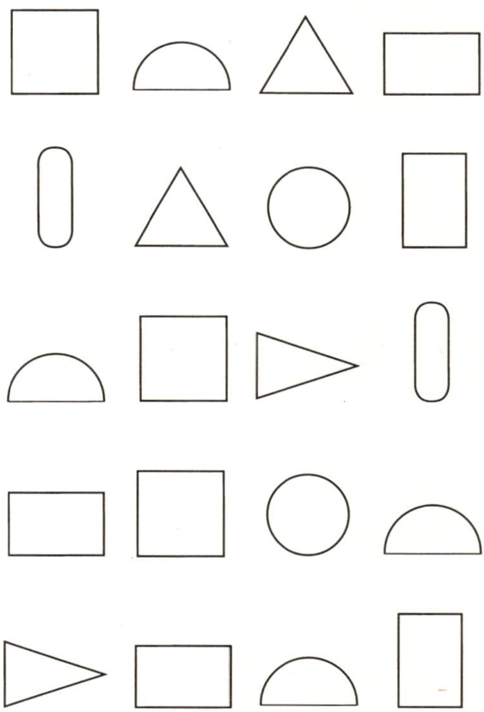

19. ÜBUNGSEINHEIT

Fortsetzung Übung 1

Bitte ergänzen Sie die fehlenden Formen der zuvor gelernten Kombinationen.

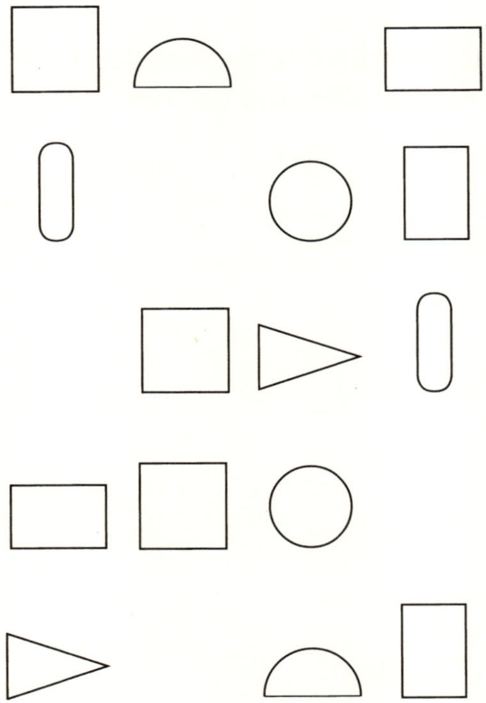

19. ÜBUNGSEINHEIT

Übung 2

Ziel dieser Übung:

- **Verbesserung der Wahrnehmungsleistung**
- **Logisches Denken**

Wieviele Dreiecke enthält die abgebildete Figur?

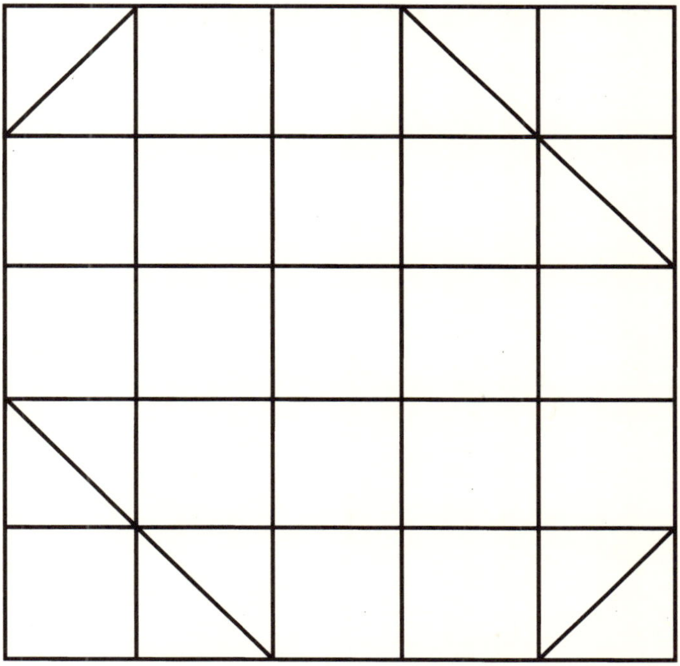

Es sind . . . . . Dreiecke.

19. ÜBUNGSEINHEIT

Übung 3

Ziel dieser Übung:

- **Förderung der Kreativität**
- **Anregung der Phantasie**

Malen Sie sich Ihren Wunschbaum. Dieser Baum sollte möglichst viele verschiedene Früchte tragen, mindestens aber 7 verschiedene.

LÖSUNG

Übung 2

Es sind 16 Dreiecke.

20. ÜBUNGSEINHEIT

Übung 1

Ziel dieser Übung:

- **Wortfindung**
- **Erweiterung des Wortschatzes**

Finden Sie zu den genannten Oberbegriffen möglichst viele dazugehörige Unterbegriffe.

Beispiel:

N U S S

Haselnuß Walnuß Kokosnuß Erdnuß
Paranuß ______ ______ ______

Ihre Übung:

S T E I N O B S T

______ ______ ______ ______
______ ______ ______ ______

B E E R E N O B S T

______ ______ ______ ______
______ ______ ______ ______

Z I T R U S F R Ü C H T E

______ ______ ______ ______
______ ______ ______ ______

E X O T I S C H E F R Ü C H T E

______ ______ ______ ______
______ ______ ______ ______

Übung 2

Ziel dieser Übung:

- **Wortfindung**

Finden Sie möglichst viele Wörter, deren vorletzter Buchstabe ein b ist.

Beispiel:

Buchstabe

Ihre Übung:

20. ÜBUNGSEINHEIT

Übung 3

Ziel dieser Übung:

- **Förderung der Ausdauer**

Das Buchstabenrechteck bildet ein Sprichwort. Finden Sie dieses Sprichwort heraus, indem Sie die nebeneinanderliegenden oder übereinanderliegenden Buchstaben zu sinnvollen Worten aneinanderreihen. Der erste Buchstabe des ersten Wortes ist mit einem * gekennzeichnet.

E	G	E	S	O	N
R	F	N	T	G	N
A*	U	F	O	L	E
I	E	H	C	S	N
N					

Das gesuchte Sprichwort heißt:

LÖSUNG

Übung 3

Das gesuchte Sprichwort heißt:

Auf Regen folgt Sonnenschein.

21. ÜBUNGSEINHEIT

Übung 1

Ziel dieser Übung:

- **Erweiterung des Wortschatzes**
- **Wortfindung**

Finden Sie zu den vorgegebenen Wörtern bzw. Wortanfängen ein zweites Ergänzungswort, welches zu jedem der vorgegebenen Wörter paßt.

Beispiel:

Apfel	Obst	Glas	Kartoffel	Schale

Ihre Übung:

1.	Regen	Markt	Sonnen	Lampen	______
2.	Stamm	Lese	Notiz	Schul	______
3.	Gäste	Schwimm	Voll	Schaum	______
4.	Himmel	Wasser	Kinder	Etagen	______
5.	Hand	Suppen	Kuchen	Wand	______
6.	Paß	Sternen	Spiegel	Selbst	______
7.	Kranken	Licht	Park	Mond	______
8.	Ton	Sprossen	Gruppen	Tritt	______
9.	Blatt	Schling	Grün	Garten	______
10.	Laub	Regen	Ur	Schwarz	______

21. ÜBUNGSEINHEIT

Übung 2

Ziel dieser Übung:

- **Wortfindung**
- **Erkennen von Zusammenhängen**

Suchen Sie zu den genannten Begriffen den Oberbegriff. Dieser sollte so genau wie möglich zutreffen.

Beispiel:

Linde	Eiche	Buche	Birke	Laubbaum

Ihre Übung:

1.	Hut	Kappe	Mütze	Tuch	________
2.	Käse	Butter	Joghurt	Quark	________
3.	Buntstift	Bleistift	Füller	Filzstift	________
4.	Fluß	See	Bach	Meer	________
5.	Hummer	Qualle	Dorsch	Krebs	________
6.	Sessel	Schrank	Tisch	Kommode	________
7.	Buch	Zeitung	Magazin	Illustrierte	________
8.	Koffer	Rucksack	Reisetasche	Handtasche	________
9.	Kirche	Kapelle	Synagoge	Moschee	________
10.	Auto	Bus	Lastwagen	Motorrad	________

21. ÜBUNGSEINHEIT

Übung 3

Ziel dieser Übung:

- **Erhöhung der Aufmerksamkeit**
- **Verbesserung der Wahrnehmungsleistung**
- **Erhöhung der Konzentrationsfähigkeit**

In den nachfolgenden Zahlenreihen finden Sie vier gleiche Zahlen die nach dem folgenden Muster angeordnet sind:

3-3
3 3

Bitte suchen Sie diese und streichen Sie sie an.

4863	5668	7967	5882	3521
4968	6326	5667	8678	4564
2332	2345	2156	4578	2331
3453	3567	3698	4987	3573
3267	6779	3256	4558	9885
1669	7347	4557	5785	4820
6346	3879	5675	3886	3008
4589	3467	3421	8548	0340
4558	3179	4662	3890	3789
5625	4441	6826	3961	3680
3971	4714	5824	4551	8367
2178	4586	3227	5295	7882
2117	3890	2572	3186	8768
1641	3779	3901	1004	6724
3085	7237	3598	0350	3721
2478	1769	3229	2107	7821
0865	2169	2892	4775	9035
2448	2896	2967	7837	0974
4594	5669	3489	3275	9885
2378	6726	6982	4630	8008
2578	3460	5887	6801	5721
2367	3098	8438	4772	3801
2317	3496	3761	7397	2185

Es sind . . . . . Zahlenanordnungen.

LÖSUNGEN

Übung 1

1. – schirm	6. – bild
2. – buch	7. – schein
3. – bad	8. – leiter
4. – bett	9. – pflanze
5. – teller	10. – wald

Übung 2

1. Kopfbedeckung	6. Möbelstücke
2. Milchprodukte	7. Literatur
3. Schreiber	8. Gepäck
4. Gewässer	9. Bethäuser
5. Meerestiere	10. Motorfahrzeuge

Übung 3

Es sind 26 Zahlenanordnungen.

22. ÜBUNGSEINHEIT

Übung 1

Ziel dieser Übung:

- **Verbesserung der Gedächtnisleistung**
- **Konzentration auf das Wesentliche**

Prägen Sie sich die folgenden Abbildungen gut ein. Nehmen Sie sich eine Minute Zeit.

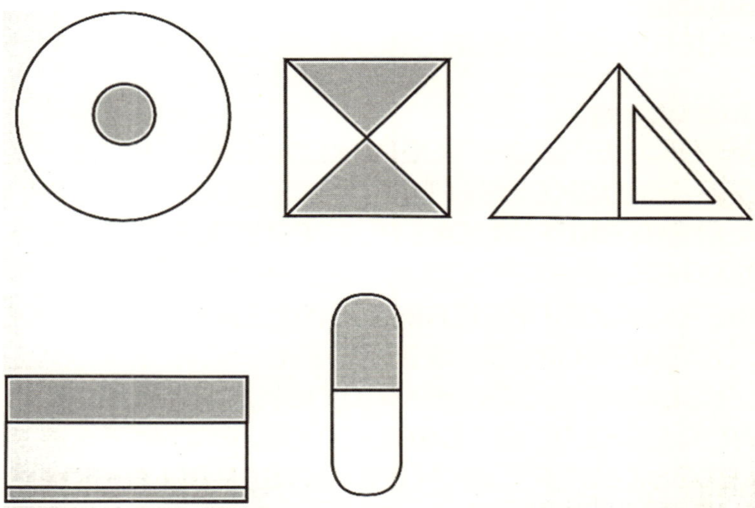

Nun machen wir mit der nächsten Übung weiter.

22. ÜBUNGSEINHEIT

Übung 2

Ziel dieser Übung:

- **Verbesserung der Wahrnehmungsleistung**
- **Konzentration auf das Wesentliche**
- **Verbesserung der Konzentrationsfähigkeit**

Streichen Sie alle Buchstabenfolgen KLO in diesem Buchstabenrechteck an.

Beispiel:

IJFJER KLF KLO SUR OWJ KFK KLO WER OPW KLO

Ihre Übung:

SFJDKJEEIRJLJAJAOERDKLOWEREIRKLOSJFK
SFE RKLOSKEOS LFD KLO SKS FIE URKLOS FFO
KLO SRJ RKE RWU DKE RLS PER LOK SFJ KLO SJF
JKLO SFJ KER IEKLOS IKLOSJ FKD FJEKKLO SRR
JKERIOKLOSDKFJERIKLOSIRKDJWLKLOFERKR
SDOEREKRJKLOSKERKSOERKFKWLODKLOSE
JFKELWUD KLO SRJ EKR KLOSK JRK REUROKLO
WEKLOSKEREKKLOSREKKLOSJERUWOESKLO
KELOSKLOE RJEJKSOPE KLO SER SLL REIKLOS
RKLOSKKLDOERKLOSERKOERJKSKERKLOSIE
SKERKLOSJERKKLOJRKLOSKEKLSERJKLOSIU
KOERKLSUERJKLOSERJKSKLEOKLOSERUISL

Es sind . . . . . KLO-Buchstabenfolgen.

Fortsetzung Übung 1

Bitte kreuzen Sie die Abbildungen an, die Sie sich in der 1. Übung eingeprägt haben.

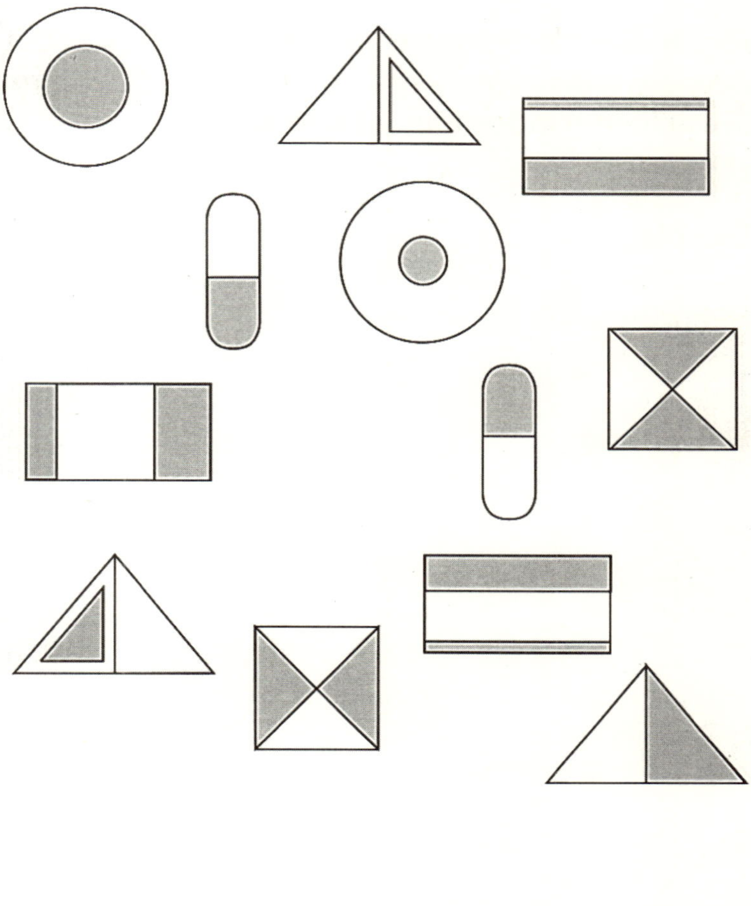

22. ÜBUNGSEINHEIT

Übung 3

Ziel dieser Übung:

- **Anregung der Phantasie**
- **Wortfindung**

Finden Sie möglichst viele Begriffe von Gegenständen, die künstliches oder natürliches Licht geben. Sie sollten mindestens 10 Begriffe finden.

Beispiel:

Neonröhre, Windlicht etc.

Ihre Übung:

______	______	______
______	______	______
______	______	______
______	______	______

LÖSUNG

Übung 2

Es sind 35 KLO-Buchstabenfolgen.

23. ÜBUNGSEINHEIT

Übung 1

Ziel dieser Übung:

- **Verbesserung der Wahrnehmungsleistung**
- **Erhöhung der Aufmerksamkeit**

In dem Buchstabenrechteck haben sich insgesamt 10 Wörter versteckt. Diese können senkrecht, waagerecht oder diagonal zu lesen sein. Bitte finden Sie die nachstehend genannten Wörter aus diesem Buchstabenrechteck heraus und umranden Sie diese.

TASCHENBUCH, ANBLICK, ABENDROT, FLUGZEUG, GARTEN, SONNE, FLIEGE, NACHT, HAMMER, FERIEN

R	B	T	S	A	H	W	O	P	M	V	B	T	U	S
G	V	A	B	E	N	D	R	O	T	I	O	X	W	M
L	E	S	M	K	L	P	O	I	W	A	X	L	A	T
W	R	C	M	K	I	Z	W	A	V	X	N	M	O	G
A	W	H	Z	J	K	F	L	U	G	Z	E	U	G	P
A	X	E	T	Z	V	N	L	I	P	R	T	E	A	O
C	V	N	W	A	R	T	U	I	A	S	T	U	R	L
A	N	B	L	I	C	K	J	K	E	H	A	X	T	N
A	S	U	F	B	C	A	L	I	Z	G	U	O	E	B
W	C	C	H	K	L	I	P	R	A	Z	E	N	N	O
A	X	H	H	K	C	P	S	O	N	N	E	T	P	S
V	N	L	O	G	H	W	E	U	A	M	K	L	U	B
E	R	T	Z	N	B	W	A	X	C	J	L	O	P	F
R	W	F	E	R	I	E	N	U	H	A	M	M	E	R
D	F	H	J	K	N	C	R	A	T	J	L	O	P	I

23. ÜBUNGSEINHEIT

Übung 2

Ziel dieser Übung:

- **Verbesserung der Gedächtnisleistung**
- **Konzentration auf das Wesentliche**

Prägen Sie sich die folgenden Muster innerhalb von 1 Minute gut ein.

Nun machen Sie bitte mit der nächsten Übung weiter.

23. ÜBUNGSEINHEIT

Übung 3

Ziel dieser Übung:

- **Verbesserung des Assoziationsvermögens**
- **Anregung der Phantasie**

Welche Wörter fallen Ihnen zu den unten genannten Begriffen spontan ein? Nennen Sie zu jedem Oberbegriff mindestens sieben assoziierte Wörter.

Beispiel:

W I N T E R U R L A U B
Ski, Schnee, Berge, Hütte, Pudelmütze, Handschuh

Ihre Übung:

U M Z U G

G E B U R T S T A G S F E I E R

A U T O P A N N E

V E R L O R E N E R S C H L Ü S S E L

---

23. ÜBUNGSEINHEIT

Fortsetzung Übung 2

Nun ergänzen Sie bitte die nachfolgenden Muster so, wie Sie diese aus Übung 1 kennen.

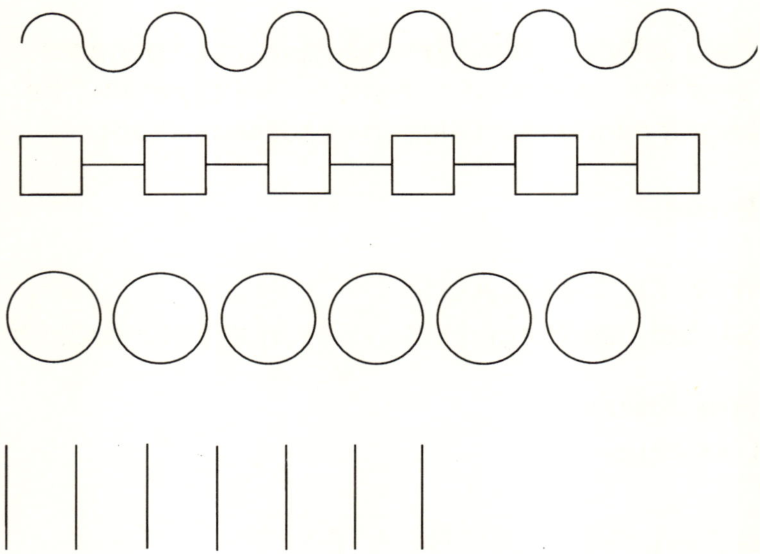

LÖSUNG

Übung 1

R	B	T	S	A	H	W	O	P	M	V	B	T	U	S
G	V	A	B	E	N	D	R	O	T	I	O	X	W	M
L	E	S	M	K	L	P	O	I	W	A	X	L	A	T
W	R	C	M	K	I	Z	W	A	V	X	N	M	O	G
A	W	H	Z	J	K	F	L	U	G	Z	E	U	G	P
A	X	E	T	Z	V	N	L	I	P	R	T	E	A	O
C	V	N	W	A	R	T	U	I	A	S	T	U	R	L
A	N	B	L	I	C	K	J	K	E	H	A	X	T	N
A	S	U	F	B	C	A	L	I	Z	G	U	O	E	B
W	C	C	H	K	L	I	P	R	A	Z	E	N	N	O
A	X	H	H	K	C	P	S	O	N	N	E	T	P	S
V	N	L	O	G	H	W	E	U	A	M	K	L	U	B
E	R	T	Z	N	B	W	A	X	C	J	L	O	P	F
R	W	F	E	R	I	E	N	U	H	A	M	M	E	R
D	F	H	J	K	N	C	R	A	T	J	L	O	P	I

24. ÜBUNGSEINHEIT

Übung 1

Ziel dieser Übung:

- **Logisches Denken**
- **Erkennen von Zusammenhängen**

Bitte setzen Sie die folgenden Reihen sinngemäß fort.

2	5	8	11	14	___	___	___	___	___	32
21	19	17	15	13	___	___	___	___	___	1
70	60	51	43	36	___	___	___	___	___	15
10	15	25	40	60	___	___	___	___	___	285
8	15	22	29	36	___	___	___	___	___	78
13	26	39	52	65	___	___	___	___	___	143
124	112	100	88	76	___	___	___	___	___	4

24. ÜBUNGSEINHEIT

Übung 2

Ziel dieser Übung:

- **Wortfindung**
- **Verbesserung der Konzentrationsfähigkeit**

Bilden Sie aus den Buchstaben des Wortes

S O N N E N T E R R A S S E

möglichst viele andere Wörter. Sie sollten mindestens 8 finden.

Beispiel: STRASSE

Ihre Übung:

______	______	______
______	______	______
______	______	______
______	______	______

24. ÜBUNGSEINHEIT

Übung 3

Ziel dieser Übung:

- **Verbesserung der Wahrnehmungsleistung**
- **Logisches Denken**

Wieviele Quadrate enthält die folgende Figur?

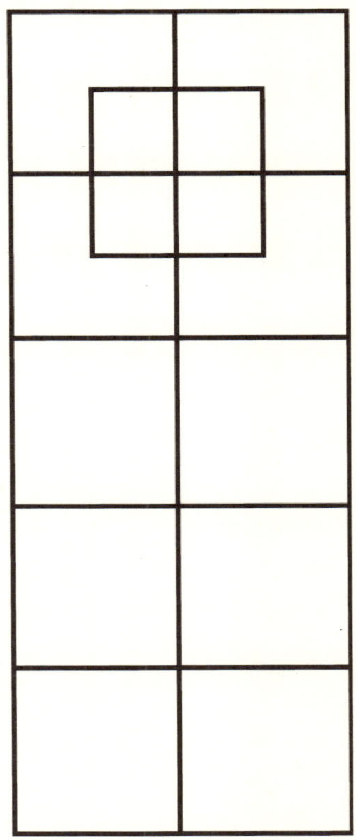

Es sind . . . . . Quadrate.

LÖSUNGEN

Übung 1

Sinngemäße Ergänzung der Zahlenreihen:

2 5 8 1 14 <u>17 20 23 26 29</u> 32

21 19 17 15 13 <u>11 9 7 5 3</u> 1

70 60 51 43 36 <u>30 25 21 18 16</u> 15

10 15 25 40 60 <u>85 115 150 190 235</u> 285

8 15 22 29 36 <u>43 50 57 64 71</u> 78

13 26 39 52 65 <u>78 91 104 117 130</u> 143

124 112 100 88 76 <u>64 52 40 28 16</u> 4

Übung 3

Es sind 19 Quadrate.

25. ÜBUNGSEINHEIT

Übung 1

Ziel dieser Übung:

- **Verbesserung der Wahrnehmungsleistung**
- **Konzentration auf das Wesentliche**
- **Verbesserung der Konzentrationsfähigkeit**

Finden Sie eines der beiden vorgegebenen Wörter in richtiger oder rückwärtiger Buchstabenfolge in der danebenstehenden Buchstabenreihe wieder.

HEFT	MAPPE	RLEUHFEPPAMDKFHSLRTKFKHTHETF
KISSEN	HITZE	ZWIUERFJKDHSKKERISNRHITZEFBE
WOLKEN	HERZ	ENFJHFZERHEISLRIFHEJJNEKLOWRT

VOGEL	TRAUM	DKFMEKJVLSJGIEROSTRAUMSLRJIBG
SCHIRM	ZELT	RMSLJTHSCZENTMTLEZSLTRMSCHIR
SCHMERZ	HAND	ANDNWEJRJRNALSKERJSHCHANDLS

FLIEGE	FREUDE	EREUREISJFKFIEWFSFREUDESSFJW
WAND	STUFE	SLWRUOEFALSEFUTSSLKERJOFAWLE
FARBE	TASCHE	RSKDROUWEURTASCHEWLEKRIIDORF

RUHE	WIND	LSJEHURSLFJIURWIDNWEKRRKSFEW
WASSER	SCHUH	SAREHEUWERHFSHERUWASCHUHWE
DECKE	STEIN	SJERKUTIEERKUSTEINSLKDURDECKE

GLAS	VASE	DURFSLSIURVASIERSDIGLASEUERVE
BLATT	TÜRE	TBLSATÜTKRETISERKSNRSLKBJTTALB
WIEGE	MUND	WOIEURGJSMUNSRSWIEGEIERUSL

Es sind ________ Begriffe zu finden

25. ÜBUNGSEINHEIT

Übung 2

Ziel dieser Übung:

- **Logisches Denken**
- **Erkennen von Zusammenhängen**

Kreuzen Sie das Wort an, welches sinngemäß nicht in diese Reihe der Wortaufzählungen paßt.

Beispiel:

_ Maus ___ Hamster _x Katze _ Meerschweinchen

Ihre Übung:

1.	_ Tanne	_ Fichte	_ Lärche	_ Birke
2.	_ Hut	_ Kappe	_ Zylinder	_ Brille
3.	_ Kirsche	_ Kiwi	_ Pflaume	_ Erdbeere
4.	_ Kommode	_ Stuhl	_ Bank	_ Sofa
5.	_ Turnschuh	_ Sandale	_ Strumpf	_ Hausschuh
6.	_ Schwimmen	_ Turnen	_ Tauchen	_ Segeln
7.	_ Blüte	_ Blatt	_ Stengel	_ Wurzel
8.	_ Käse	_ Brot	_ Butter	_ Quark
9.	_ Saft	_ Bier	_ Wein	_ Likör

25. ÜBUNGSEINHEIT

Übung 3

Ziel dieser Übung:

- **Beschleunigung des Reaktionsvermögens**
- **Erhöhung der Aufmerksamkeit**
- **Verbesserung der Wahrnehmungsleistung**

Finden Sie aus diesem Buchstabengewirr möglichst schnell die Buchstaben des Wortes

M O N D F I N S T E R N I S

heraus und streichen Sie diese Buchstaben durch.

D F K L Q W E Z U P S A V

S D G M E A XE U I P L R E T

W A V Z I O L M F X C W A N J H P

R W A C N M O P EW TR JK

S D CX I KL Z T E WR SD ZH DDF

JS L P RTZ FW S DC VVNM I E

W A XCVGHHK RE T IJ MO NRW

LÖSUNG

Übung 1

Es sind 16 Begriffe zu finden

Übung 2

Folgende Begriffe passen nicht in die Wortaufzählungen:

1. Birke
2. Brille
3. Kiwi
4. Kommode
5. Strumpf
6. Turnen
7. Wurzel
8. Brot
9. Saft

26. ÜBUNGSEINHEIT

Übung 1

Ziel dieser Übung:

- **Verbesserung der Wahrnehmungsleistung**

Bitte verfolgen Sie mit den Augen jede einzelne Linie von den Zahlen aus zu den Buchstaben. Notieren Sie zu jeder Zahl den dazugehörigen Buchstaben. Nehmen Sie keinen Finger zur Verfolgung der Linien zur Hilfe.

26. ÜBUNGSEINHEIT

Übung 2

Ziel dieser Übung:

- **Verbesserung der Gedächtnisleistung**

Bitte prägen Sie sich die folgenden Begriffe innerhalb von einer Minute gut ein.

BAUMSTAMM	FENSTERBRETT	MALBLOCK
KUGELSCHREIBER	HIMMELBETT	GLASMURMEL
BILDERRAHMEN	SCHLÜSSELBUND	STANDUHR
TEPPICHBODEN	HUBSCHRAUBER	ROSENBEET

Machen Sie nun erst mit der nächsten Übung weiter.

26. ÜBUNGSEINHEIT

Übung 3

Ziel dieser Übung:

- **Förderung der Kreativität**
- **Anregung der Phantasie**

Lesen Sie die Absätze der folgenden kurzen Geschichte aufmerksam durch. Füllen Sie die Lücken dieser Geschichte nach Belieben so daß eine sinnvolle kleine Kurzgeschichte entsteht.

Abseits des Hauptwaldweges zwischen den drei alten Eichenbäumen liegt gut versteckt ein Fuchsbau. Der Eingang liegt geschützt hinter einer Baumwurzel, gerade groß genug, daß der Fuchs geduckt dort hineinkriechen kann. Der Gang führt schräg hinab in den Boden, wo die Wohnhöhle liegt.

____

____

____

Die beiden Fuchskinder sind nun bereits einige Wochen alt und nun groß genug um vor dem Bau zu spielen und zu fressen. Mittlerweile haben die Fuchseltern allerhand zu tun, um die kleinen Mäuler zu stopfen.

____

____

____

Heute bleiben die Fuchskinder hungrig. Denn die kleinen Mäuse allein können die gierigen Jungen nicht mehr sättigen. Also gehen die beiden Fuchskinder zum ersten Male alleine auf Beutesuche.

____

____

____

26. ÜBUNGSEINHEIT

Fortsetzung Übung 2

Kreuzen Sie bei den nachfolgend aufgeführten Begriffen diejenigen an, die Sie sich in Übung 2 gemerkt haben.

BUCHSTÜTZE _	HIMMELBETT _	TELEFONKABEL _
GLASVITRINE _	BÜCHERSCHRANK _	KAFFEETASSE _
HUBSCHRAUBER _	TEPPICHBODEN _	APFELBAUM _
SCHLÜSSELBUND _	RASENMÄHER _	SCHAUKELSTUHL _
BILDERRAHMEN _	KERZENSTÄNDER _	BAUMHÖHLE _
AUTOREIFEN _	ROSENBEET _	STANDUHR _
SANDKASTEN _	SPRINGBRUNNEN _	KUGELSCHREIBER _
FENSTERBRETT _	GIESSKANNE _	BAUMSTAMM _
GLASMURMEL _	KELLERTREPPE _	MALBLOCK _

LÖSUNG

Übung 1

1C	2A	3D	4B	5E

27. ÜBUNGSEINHEIT

Übung 1

Ziel dieser Übung:

- **Erhöhung des Konzentrationsvermögens**
- **Wortfindung**

Bitte ergänzen Sie die folgenden Wörter mit den fehlenden Buchstaben.

Beispiel:

E - - T - - S - H U - G – E N T T Ä U S C H U N G

Ihre Übung:

1. S - H - Ü S - E L - - N D	2. S T - - S S - N B - H N
3. F - D E - B - L L	4. K - F - E E K - N N -
5. S - N N - - S - H - R -	6. B E - E G N - N G
7. G E - - T T - R W - - K E	8. W - T - E R B - - I C H -
9. G A - T - N S - - L A - C H	10. F R - - N D - C H - F T

27. ÜBUNGSEINHEIT

Übung 2

Ziel dieser Übung:

- **Verbesserung der Wahrnehmungsleistung**
- **Erhöhung der Konzentrationsfähigkeit**

Sie sehen zwei dicht untereinanderstehende Buchstabenreihen, die oftmals genau übereinstimmen. Finden Sie die Buchstabenreihen heraus, die nicht genau gleich sind und unterstreichen Sie diese.

Beispiel:

FRTK	MOVC	WKLO	NOPT	IOVF	GPHK
FRTK	MDVC	VKLO	NOPT	IOVF	GPMK

Ihre Übung:

NOFT	HWAS	KOVX	KLWR	UZTV	OPDS
NOFT	HVAS	KOVX	KLWP	UZTV	OPDS
NMVE	IPAS	REIO	PHJL	RTCV	HSOR
NMVA	IPAS	REIO	BHJL	RTCV	HSOB
JOLS	EWYD	XIOD	KJEW	AKLE	OPVB
JOES	EWXD	XIOD	KJEW	AKLE	OPVP
CMBO	ORST	ARLM	TZUO	KLER	RPCN
CMBO	ORST	ARLM	TZUD	KLER	RPCN
HOPW	RUIC	VBMK	WAXI	IOGH	KOPS
HOBW	RUIZ	VBMK	WAXI	IOGB	KOPS
SUVO	UECN	MKLO	ERDO	PRWA	GHCN
SUVO	UBCN	NKLO	ERDO	RPWA	GHCN
JKOS	RTIN	FIPA	WCFO	PENG	GETZ
JKDS	RTIN	EIPA	WCFO	PENG	GETZ

Es sind . . . . . ungleiche Buchstabenreihen.

27. ÜBUNGSEINHEIT

Übung 3

Ziel dieser Übung:

- **Konzentration auf das Wesentliche**

Sie sehen eine Wortreihe mit 50 Begriffen. Davon tauchen 10 Begriffe doppelt auf. Versuchen Sie diese in möglichst kurzer Zeit zu finden und unterstreichen Sie diese.

Regenschirm – Taschenbuch – Stift – Schrank – Mond – Straßenbahn – Ball – Karton – Fahrrad – Stift – Kanne – Himmel – Regal – Regenschirm – Fenster – Bild – Auto – Wörter – Karton – Orange – Glas – Handtuch – Gebirge – Schiff – Pflanze – Türe – Schiene – Korb – Schrank – Regenbogen – Spielplatz – Straßenbahn – Streichholz – Nachthimmel – Fenster – Sonnenschein – Radio – Kleid – Musik – Schiene – Schuh – Teller – Fahrrad – Kalender – Telefon – Taschenbuch – Kabel – Bild – Treppe – Kirsche

LÖSUNGEN

Übung 1

1. Schlüsselbund
2. Strassenbahn
3. Federball
4. Kaffeekanne
5. Sonnenschirm
6. Begegnung
7. Gewitterwolke
8. Wetterbericht
9. Gartenschlauch
10. Freundschaft

Übung 2

Es sind 17 ungleiche Buchstabenreihen.

Übung 3

Die doppelten Begriffe lauten:

Regenschirm, Taschenbuch, Stift, Schrank, Straßenbahn, Karton, Fahrrad, Fenster, Bild, Schiene

28. ÜBUNGSEINHEIT

Übung 1

Ziel dieser Übung:

- **Förderung der Zusammenarbeit beider Gehirnhälften**

Zeichnen Sie die bereits begonnene Linie spiegelbildlich nach. Die erste Übung machen Sie mit der rechten Hand und zeichnen wie gewohnt von links nach rechts. Die zweite Übung machen Sie mit der linken Hand. Dabei zeichnen Sie von rechts nach links.

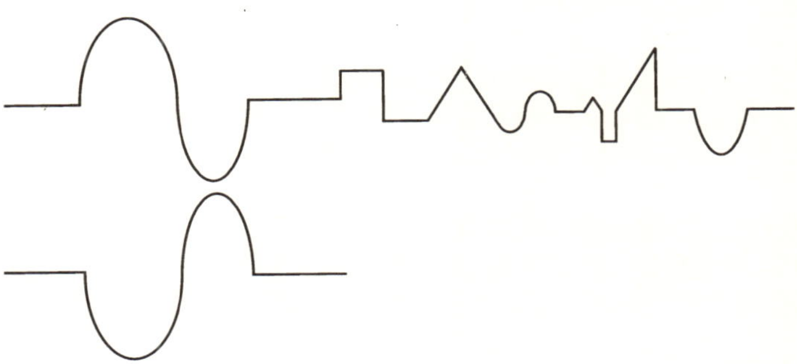

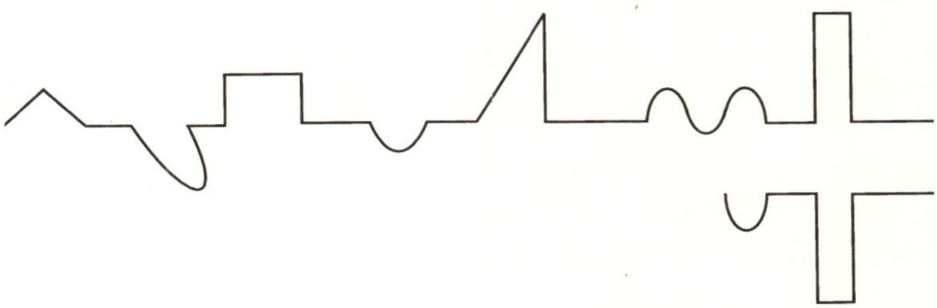

28. ÜBUNGSEINHEIT

Übung 2

Ziel dieser Übung:

- **Erhöhung der Konzentrationsfähigkeit**
- **Verbesserung der Wahrnehmungsleistung**

Sie sehen links eine mehrstellige Zahl, rechts davon eine Zahlenreihe. Die mehrstellige Zahl finden Sie in richtiger oder rückwärtiger Reihenfolge in der Reihe wieder. Bitte unterstreichen Sie die gefundene Zahl. Arbeiten Sie dabei so schnell wie möglich.

25783: 5275982391004938257831275828316319836723
3419: 837479129734799311037438741208479143129
589362: 583923812738512483758936293857237263819

7231: 8385838758723101239597231738235530049731
93572: 34912347739478935721101839847574592392427
84276: 9237387397944783487212743748461746724891

24861: 812648373848129603048589248613049487126
352791: 203942738472921972531389583452395917154
4781: 923178377437420938447814823401292445382

74629: 6193834724343742439859810746291471093869
6128: 5741206184524313618632554443868216486961
794318: 283813497475293491012389596586272327489

38756: 37847388458823748738756197375772234845824
2596: 5782382893472388338753983745825969485984
597265: 5058349218483728378456279512348239457845

28. ÜBUNGSEINHEIT

Übung 3

Ziel dieser Übung:

- **Verbesserung der Wahrnehmungsleistung**

In dem Buchstabenquadrat haben sich insgesamt 10 Wörter senkrecht oder waagerecht versteckt. Suchen Sie die nachstehend genannten Wörter heraus und umranden Sie diese.

VITRINE NASHORN WEINGLAS ANTWORT
TAFEL HIMBEERE SCHERE NUSSBAUM
FREIHEIT MINUTE

A	R	S	P	V	L	O	I	R	B	V	M	G	H	W	O	P	Z
R	S	W	E	I	N	G	L	A	S	R	M	O	P	L	R	B	N
W	E	C	V	T	R	G	N	N	U	S	S	B	A	U	M	L	I
R	F	V	L	R	I	A	S	T	K	M	L	O	A	S	H	O	L
D	C	V	J	I	E	R	A	W	S	T	S	A	R	K	I	L	X
W	A	C	B	N	A	S	H	O	R	N	E	W	Z	I	M	L	T
D	S	C	H	E	R	E	A	R	H	J	A	S	E	B	B	O	A
W	U	I	L	K	L	E	M	T	Z	N	M	W	E	T	E	U	F
E	R	T	J	F	R	E	I	H	E	I	T	J	K	I	E	M	E
S	D	E	R	W	A	K	N	U	I	E	G	K	L	U	R	W	L
A	X	F	R	Z	O	E	U	L	K	I	O	W	S	T	E	O	M
S	D	V	C	N	I	U	T	W	K	O	G	V	E	J	M	L	A
D	C	V	B	J	I	O	E	W	A	Y	L	O	T	Z	M	K	D

LÖSUNG

Übung 3

A	R	S	P	V	L	O	I	R	B	V	M	G	H	W	O	P	Z
R	S	W	E	I	N	G	L	A	S	R	M	O	P	L	R	B	N
W	E	C	V	T	R	G	N	N	U	S	S	B	A	U	M	L	I
R	F	V	L	R	I	A	S	T	K	M	L	O	A	S	H	O	L
D	C	V	J	I	E	R	A	W	S	T	S	A	R	K	I	L	X
W	A	C	B	N	A	S	H	O	R	N	E	W	Z	I	M	L	T
D	S	C	H	E	R	E	A	R	H	J	A	S	E	B	B	O	A
W	U	I	L	K	L	E	M	T	Z	N	M	W	E	T	E	U	F
E	R	T	J	F	R	E	I	H	E	I	T	J	K	I	E	M	E
S	D	E	R	W	A	K	N	U	I	E	G	K	L	U	R	W	L
A	X	F	R	Z	O	E	U	L	K	I	O	W	S	T	E	O	M
S	D	V	C	N	I	U	T	W	K	O	G	V	E	J	M	L	A
D	C	V	B	J	I	O	E	W	A	Y	L	O	T	Z	M	K	D

29. ÜBUNGSEINHEIT

Übung 1

Ziel dieser Übung:

- **Erhöhung der Konzentrationsfähigkeit**
- **Verbesserung des Assoziationsvermögens**

Stellen Sie sich das Wort WAHRNEHMUNG vor Ihrem »geistigen Auge« vor. Dabei wird der erste Buchstabe der 1 zugeordnet, der zweite Buchstabe der 2 usw. Bitte bilden Sie nun aus den vorgegebenen Ziffern neue Wörter, die sich aus den Buchstaben des Wortes Wahrnehmung zusammensetzen.

1	2	3	4	5	6	7	8	9	10	11
W	A	H	R	N	E	H	M	U	N	G

Beispiel:

11 2 4 5 — G A R N

Ihre Übung:

1.) 1 2 4 5 9 10 11 ____________
2.) 4 2 7 8 6 10 ____________
3.) 4 6 7 ____________
4.) 8 2 9 6 4 ____________
5.) 9 10 4 9 3 6 ____________
6.) 4 6 11 6 10 ____________
7.) 1 2 6 4 8 6 ____________
8.) 5 2 6 3 6 ____________

29. ÜBUNGSEINHEIT

Übung 2

Ziel dieser Übung:

- **Verbesserung der Gedächtnisleistung**

Lesen Sie den folgenden Text aufmerksam durch.

Ein Wal wiegt 70.000 kg und hat nur eine Gehirnmasse von fünf Kilogramm. Der Mensch dagegen wiegt durchschnittlich 70 kg und trägt etwa 1,5 kg Gehirnmasse mit sich. Sowohl Wal als auch der Mensch haben die jahrtausendelange Entwicklungsgeschichte der Erde überlebt.
Der Wal hat sich nur gegenüber wenigen natürlichen Feinden durchzusetzen. Unsere Vorfahren dagegen hatten zahlreiche menschenfeindliche Gefahrenquellen zu überstehen. Der Mensch war weder groß noch besonders stark und hatte auch sonst keine körperlichen Schutzmechanismen aufzuweisen. Um zu überleben mußte der Mensch also klüger sein als seine Widersacher und sich den ständig verändernden Lebensbedingungen anpassen.
Diesen Anpassungsprozeß kann man als »Lernen« bezeichnen – einmal aufgenommene Informationen werden gespeichert und in entsprechenden Situationen abgerufen und angewandt. Für einsichtiges und zielgerichtetes Lernen müssen unzählige Assoziationen und Reaktionen zusammenspielen.

29. ÜBUNGSEINHEIT

Fortsetzung Übung 2

Bitte beantworten Sie aus dem Gedächtnis heraus die folgenden Fragen:

1.) Wie schwer ist ungefähr ein Wal?

____

2.) Wie schwer ist etwa das Gehirn des Menschen?

____

3.) Wie kann man den Anpassungsprozeß des Menschen an die veränderten Umweltbedingungen bezeichnen?

____

4.) Wie konnte der Mensch sich gegen seine natürlichen Feinde durchsetzen?

____

5.) Welche Faktoren spielen eine tragende Rolle für das zielgerichtete Lernen?

____

29. ÜBUNGSEINHEIT

Übung 3

Ziel dieser Übung:

- **Erhöhung der Konzentrationsfähigkeit**

Bitte zählen Sie laut von 1 bis 120. Ersetzen Sie jedoch jede Zahl, in der eine vier vorkommt durch das Wort schwarz und jede Zahl die eine sechs enthält durch das Wort weiß.

Beispiel:

eins, zwei, drei, schwarz, fünf, weiß, sieben, acht, neun, zehn, elf, zwölf, dreizehn, schwarz, fünfzehn, weiß, siebzehn, ... dreiundzwanzig, schwarz, fünfundzwanzig, weiß, siebenundzwanzig . . . . neunundzwanzig, dreißig . . . .

LÖSUNGEN

Übung 1

1. Warnung
2. Rahmen
3. Reh
4. Mauer
5. Unruhe
6. Regen
7. Waerme
8. Naehe

Übung 2

1. 70.000 kg
2. 1,5 kg
3. Lernen
4. durch Anpassung an veränderte Lebensbedingungen
5. Assoziationen und Reaktionen

30. ÜBUNGSEINHEIT

Übung 1

Ziel dieser Übung:

- **Erhöhung der Konzentrationsfähigkeit**
- **Wortfindung**

Ergänzen Sie die vorgegebenen Wortanfänge mit einer Buchstabenfolge, so daß sich jeweils ein sinnvolles Wort ergibt.

Beispiel:

G
w
st
K

arten ______

Ihre Übung:

T
L
M
Fl
______

Sp
R
Z
S
______

D
Str
H
Sch
______

Br
H
S
Str
______

30. ÜBUNGSEINHEIT

Übung 2

Ziel dieser Übung:

- **Kopfrechnen**
- **Erhöhung der Konzentrationsfähigkeit**

Bitte unterstreichen Sie die Zahlen einer Reihe, die jeweils die dahinterstehende Summe ergeben.

Beispiel:

32 12 <u>4</u> 17 <u>28</u> 22 <u>15</u> 7 <u>2</u> 8 14 31 = 49

Ihre Übung:

2	41	23	35	12	17	5	28	7	20	15	6	=	60
45	16	36	12	4	19	23	37	18	27	7	6	=	79
14	27	4	38	9	15	26	34	41	13	5	7	=	42
45	34	11	3	22	17	5	21	36	18	4	1	=	58
2	43	17	24	7	33	15	25	39	12	3	6	=	70
12	35	1	8	28	31	19	23	41	13	24	4	=	75
3	15	22	37	13	17	26	34	5	8	14	2	=	50

30. ÜBUNGSEINHEIT

Übung 3

Ziel dieser Übung:

- **Erhöhung der Aufmerksamkeit**
- **Erhöhung der Konzentrationsfähigkeit**

Unterstreichen Sie im folgenden Buchstabenkästchen die Buchstabenfolge GLR.

LSDFJKLJTLUJSFDKGLKLCVNBIEGLRSLKURCJ
BNGLRSLUERKJGHJLSKLJREUJGJLPWLSLSDF
KUTGLRSLIRNGLRSLUERGKKJEIGKLSLKURGL
RSLIURIUCBNMVSLURSLHGHOEURGLRSLKU
ERKGLSUERGLRSLURHGSURGLRSSLUERWJF
KUTIUODKGLRSLKEURGLRRUSGKEGLRSURT
SLJGNVSLEURGLRSLKUERGJSIOROSKJFOW
EURGLRSZSUERGNSREIUWGLRSLUERIUGLSI
URGLRSLIUERGKZGSALUTUJDKGLRSLSUURO
EUGISLKUERJGLRLSIURCIRSLUERGLRLSUUR
CKUSTJKDORGLRSLKUERGLRSLKURGLAUIDV
NTUGLRSIEURLGIDURLSIUTGLRSIUERGKERB

Es sind . . . . . . GLR-Buchstabenfolgen.

LÖSUNGEN

Übung 1

T	–	asche	D	–	ecke
L	–	asche	Str	–	ecke
M	–	asche	H	–	ecke
Fl	–	asche	Schn	–	ecke
Sp	–	iegel	Br	–	and
R	–	iegel	H	–	and
Z	–	iegel	S	–	and
S	–	iegel	Str	–	and

Übung 2

60 = 23 + 17 + 20
79 = 36 + 19 + 18 + 6
42 = 38 + 4
58 = 11 + 22 + 21 + 4
70 = 24 + 15 + 25 + 6
75 = 35 + 1 + 8 + 31
50 = 3 + 13 + 34

Übung 3

Es sind 21 GLR-Buchstabenfolgen.

31. ÜBUNGSEINHEIT

Übung 1

Ziel dieser Übung:

- **Verbesserung der Wahrnehmungsleistung**

Verbinden Sie die Buchstaben von A bis Z miteinander. Arbeiten Sie so zügig wie möglich.

M U H B

R

I D A Z

Q L

Y

C V

G N

K T

S

E P F

J W O X

31. ÜBUNGSEINHEIT

Übung 2

Ziel dieser Übung:
- **Erhöhung der Konzentrationsfähigkeit**
- **Verbesserung der Wahrnehmungsleistung**

Vergleichen Sie die beiden übereinanderstehenden Buchstabenfolgen miteinander. Die erste Folge ist in Großbuchstaben gedruckt, die zweite in Kleinbuchstaben. Streichen Sie die Buchstabenreihen an, wo die Buchstaben nicht miteinander übereinstimmen.

Beispiel:

K V M O A P	I S T U R W	C A S T B X	R T Z I O
k v m o a p	i s t u r v	c a s t b x	r f z i u

Ihre Übung:

U V B N O	I E W A S	T H N C U	P I W E R
u v b n o	i e w a s	t h n c u	p i v e r
Z U B V N	E R I O B	G H A S W	H O R T V
z u p v n	e r i u b	g h a w s	h o r t v
R E B N I	O P E C V	N B J I G	E A W N J
r e b n i	o p e c v	n p j i g	e a w n j
I O W C N	A G H N B	R E T I Z	J O P W D
i o w c n	a g b n h	r e t i z	j o p w d
R T H K L	F G N B O	A E T I M	C F H I P
r t h k l	f r n b o	a e t i n	c f h i p
K E A R Z	E N B V I	O P E R F	A E S K T
k e a n z	e n b v i	o p f r e	a f s k t
G N B I O	D E J N B	K L E R C	S A W X T
g n b i o	d f j n b	k l e r c	s a w z t
H N B V I	E R K L O	U I A X I	R T N B H
h n b v i	e r k l o	u i a x t	r t n b h
W C N B K	L O R S P	U W Q D S	A L K T O
w c m b k	l o r s p	u w q g s	a l k t o

. . . . . . Buchstabenreihen stimmen nicht überein.

31. ÜBUNGSEINHEIT

Übung 3

Ziel dieser Übung:

- **Kopfrechnen**

Zählen Sie die folgenden Zahlen zusammen und streichen Sie die jeweils zugezählte Zahl durch.

---

6 9 3 1 5

3 7 9 2 5

1 4 8 9 3 2

2 4 7 5 9

3 6 1 8

4 1 9 5 7

2 6 8 1

5 7 9 4 2

9 3 4 8 1

Die Gesamtsumme beträgt: ______

LÖSUNGEN

Übung 2

16 Buchstabenreihen stimmen nicht überein.

Übung 3

Die Summe beträgt 217.

32. ÜBUNGSEINHEIT

Übung 1

Ziel dieser Übung:

- **Verbesserung der Gedächtnisleistung**

Prägen Sie sich die Reihe mit jeweils vier Begriffen gut ein. Sie haben dafür zwei Minuten Zeit. Machen Sie anschließend mit der nächsten Übung weiter.

Mücke	Fliege	Hummel	Biene
Haus	Turm	Kirche	Hütte
Tasse	Teller	Messer	Löffel
Kommode	Schrank	Stuhl	Spiegel
Hose	Pullover	Weste	Hut
Tennis	Reiten	Handball	Schwimmen
Orange	Apfel	Banane	Pfirsich
Veilchen	Tulpe	Rose	Lilie
Buch	Zeitung	Magazin	Katalog
Brot	Butter	Käse	Marmelade

32. ÜBUNGSEINHEIT

Übung 2

Ziel dieser Übung:

- **Förderung der Kreativität**

Malen Sie einen Phantasieblumenstrauß in diese Blumenvase hinein.

FORTSETZUNG ÜBUNGSEINHEIT 32

Übung 1

Setzen Sie den nun fehlenden Begriff in die Wortreihe ein.

Mücke	________	Hummel	Biene
Haus	Turm	________	Hütte
________	Teller	Messer	Löffel
Kommode	Schrank	Stuhl	________
Hose	Pullover	________	Hut
________	Reiten	Handball	Schwimmen
Orange	________	Banane	Pfirsich
Veilchen	Tulpe	________	Lilie
Buch	Zeitung	Magazin	________
________	Butter	Käse	Marmelade

32. ÜBUNGSEINHEIT

Übung 3

Ziel dieser Übung:

- **Verbesserung der Kombinationsfähigkeit**

Bilden Sie aus den verdrehten Buchstaben ein sinnvolles Wort. Der Anfangsbuchstabe ist jeweils unterstrichen.

Beispiel:

L I S B E T F T I – BLEISTIFT

Ihre Übung:

1. E N A D K L M –
2. F O N H F G N U –
3. B H U O A T A N –
4. I R Z S K U –
5. N I M T U S R T N E –
6. R D E I S R A E N –
7. N O S R T M T E Z –

LÖSUNG

Übung 3

1. Denkmal
2. Hoffnung
3. Autobahn
4. Zirkus
5. Instrument
6. Riesenrad
7. Stromnetz

33. ÜBUNGSEINHEIT

Übung 1

Ziel dieser Übung:

- **Erweiterung des Wortschatzes**
- **Verbesserung des Assoziationsvermögens**

Suchen Sie zu den vier vorgegebenen Wörtern ein passendes Ergänzungswort, welches jedem einzelnen Begriff eine sinnvolle Bedeutung gibt.

Beispiel:

Grab	Schmuck	Edel	Glas	–	Stein

Ihre Übung:

1.	Schlüssel	Knopf	Mause	Nasen	–	________
2.	Trink	Wasch	Meer	Quell	–	________
3.	Fenster	Wein	Brillen	Blei	–	________
4.	Fahr	Kinder	Schaukel	Hoch	–	________
5.	Fremd	Kinder	Umgangs	Zeichen	–	________
6.	Geschenk	Brief	Zeitungs	Mal	–	________
7.	Taucher	Sonnen	Motorrad	Schutz	–	________
8.	Auto	Eisen	Schwebe	Straßen	–	________
9.	Einkaufs	Wäsche	Maul	Weiden	–	________
10.	Finger	Ohr	Box	Trau	–	________

33. ÜBUNGSEINHEIT

Übung 2

Ziel dieser Übung:

- **Verbesserung der Wahrnehmungsleistung**
- **Verbesserung der Konzentrationsfähigkeit**

Links in der Buchstabenreihe sehen Sie zwei Wörter. Eines oder beide sind in der Buchstabenreihe vorwärts oder rückwärts wiederzufinden. Bitte unterstreichen Sie das gefundene Wort / die gefundenen Wörter.

STIFT	RAUM	IUTSKMUARRSLTKTSTIFTKDLGTDKJTLSKRJD
ROSE	FEIER	SLJFKRDLJFLORSLRKSJTHSORIOSROSELSK
FLIEGE	DECKE	LIERUEKCEDKDLJGOUWIURLFLAKEFLIEGER
MAPPE	TIGER	PEPMALAIRTIREGKDUTIGERLSIRMPAPAEKRJ
FINGER	BRILLE	LKUFIVEFDNSGERBRILLESLRGNFKINGSERZ
SCHNUR	FRAGE	SGELSIURSCHNERURLSIURRUNHCSLSURNG
WALD	TASSE	FSWALURKDJTSESSETLAORKDWALDIRTAES
ENTE	HÖHLE	URTÖSUHSSOIRÖHLEIURKNRWELHÖHSURLS
WIND	BESEN	KDNISKURBESENSLIURNWLINDNSURLWIUR
PAPIER	RASEN	IREIFSENSURAREIPAPASIURLSNESARSLURN
PUPPE	SCHUH	SRIEUIRSHCSUHEISCWLJFOSIEPUPPEKURLR
STOLZ	WAGEN	SIEURWAGENSIURKENSLTZLOTSLSIURWAGA
LISTE	APFEL	RAPFELSKDLJRIWRLISTESLIRSKCOARPDFEL
TRAUM	HAMMER	SLRIEORWMUARTSLUTHAMMERROSUTRKDM
KISSEN	WIESE	LURESNEWDISSKENFIERWIESELSIRMDKNU

33. ÜBUNGSEINHEIT

Übung 3

Ziel dieser Übung:

- **Förderung der Zusammenarbeit beider Gehirnhälften**
- **Koordination von Bewegungsabläufen**

Malen Sie zunächst mit der rechten, dann mit der linken Hand die abgebildeten einfachen Figuren. Wiederholen Sie dies einige Male auf der Stelle. Nun malen Sie mit beiden Händen *gleichzeitig* die nebeneinanderstehenden Formen. Wiederholen Sie dies so häufig, bis Sie die Bewegungen sicher koordinieren können.

---

linke Hand

rechte Hand

linke Hand

rechte Hand

linke Hand

rechte Hand

LÖSUNG

Übung 1

1. – loch
2. – wasser
3. – glas
4. – stuhl
5. – sprache
6. – papier
7. – brille
8. – bahn
9. – korb
10. – ring

34. ÜBUNGSEINHEIT

Übung 1

Ziel dieser Übung:

- **Verbesserung der Wahrnehmungsleistung**
- **Erhöhung der Konzentrationsfähigkeit**
- **Erhöhung der Aufmerksamkeit**

In der folgenen Buchstabenreihe haben sich insgesamt 15 Begriffe versteckt. Finden Sie diese heraus und unterstreichen Sie sie. Arbeiten Sie so zügig und genau wie möglich.

SLJ FIE RUS CHL ÜSS ELS LFJ SAÖ SLF ERU OWS ÖFO EIR ERUO

AKSURISURUHRSKUTKTSSLUREUROWOEIRWANVNKVBIW

ERÖ LSU EIR OST ASC HEN LAM PES LJU RLS IDU RJK SNT TU

SURWLSIUTAUCNCNKWEZRUTSMESSERLSUUIGLGARDINE

DINELSUROWOEURITKDSCHALTERSOURWOEIRUFJWKURU

SUCHKSZGUETURMSLUEROWLSIUREIUTKIRCHEVSLAURO

WIERUKCWITHEUTREPPEWOUEROSKCVBNLCRUTSCHBAHN

KRUOUTZSJVNSIUTVRSEOIERUTICHALSISLKUERKISSENL

SUT UIW UÜA SDV MBH SOU TIO LEI TER OSU ERU KCU TAS NTL

TEUTIRVSLUERIFNEKFJKFJKJWOUTROVNAFENSTERLSIUEO

IUT CKL SIT USJ FKS LMV NQW HTS LUR WMÜ HLE SLU ERO WU

IETKDHGNVYLIOWUTKDKLTOALSODRAKETEJJTIUWKKDTM

34. ÜBUNGSEINHEIT

Übung 2

Ziel dieser Übung:

- **Logisches Denken**
- **Verbesserung der Wahrnehmungsleistung**

Zählen Sie bei jeder Form wieviele Seiten diese hat und schreiben Sie die entsprechende Zahl in die Form. Errechnen Sie die Gesamtsumme der Seiten aller Figuren.

Beispiel:

Ihre Übung:

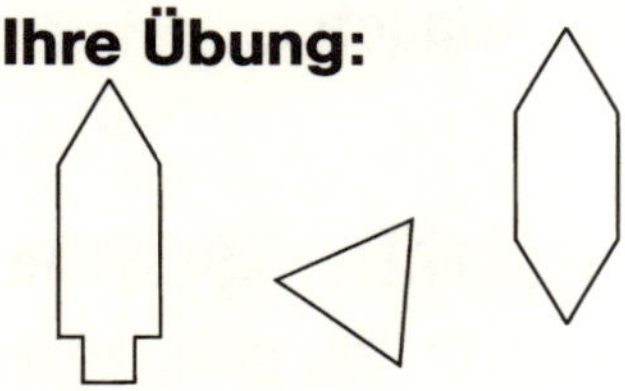

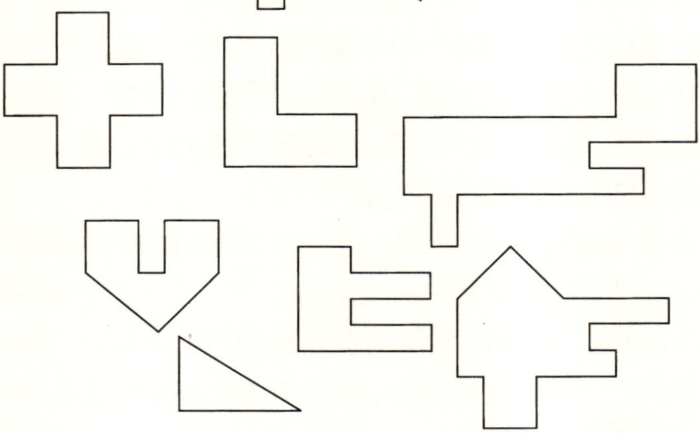

Gesamtsumme: ______

34. ÜBUNGSEINHEIT

Übung 3

Ziel dieser Übung:

- **Erhöhung der Konzentrationsfähigkeit**
- **Verbesserung der Kombinationsfähigkeit**

Die nachfolgenden Worte sind in zwei Teile zerlegt. Fügen Sie diese wieder zusammen und notieren Sie die zusammengehörigen Zahlen-Buchstabenkombinationen.

Beispiel:

1)	Fahr	a)	klinke
2)	Knopf	b)	rad
3)	Tür	c)	leiste

1b 2c 3a

Ihre Übung:

1)	Lampen	a)	schaft
2)	Buch	b)	reise
3)	Geburts	c)	mäher
4)	Nach	d)	platz
5)	Freund	e)	stütze
6)	Schreib	f)	stein
7)	Hand	g)	tag
8)	Sport	h)	schirm
9)	Rasen	i)	tisch
10)	Pflaster	j)	ständer
11)	Flug	k)	richten
12)	Kerzen	l)	werker

1 ___	2 ___	3 ___
4 ___	5 ___	6 ___
7 ___	8 ___	9 ___
10 ___	11 ___	12 ___

LÖSUNGEN

Übung 1

In dieser Reihenfolge finden Sie folgende 15 Begriffe:

Schlüssel, Taschenlampe, Messer, Gardine, Schalter, Kirche, Treppe, Rutschbahn, Lineal, Vase, Kissen, Leiter, Fenster, Mühle, Rakete

Übung 2

Es sind insgesamt 86 Seiten.

Übung 3

1h	2e	3g	4k	5a	6i
7l	8d	9c	10f	11b	12j

35. ÜBUNGSEINHEIT

Übung 1

Ziel dieser Übung:

- **Verbesserung der Gedächtnisleistung**
- **Erhöhung der Aufmerksamkeit**

Prägen Sie sich die Längen der verschiedenen Stifte ein, die auf der Skala angezeigt werden.

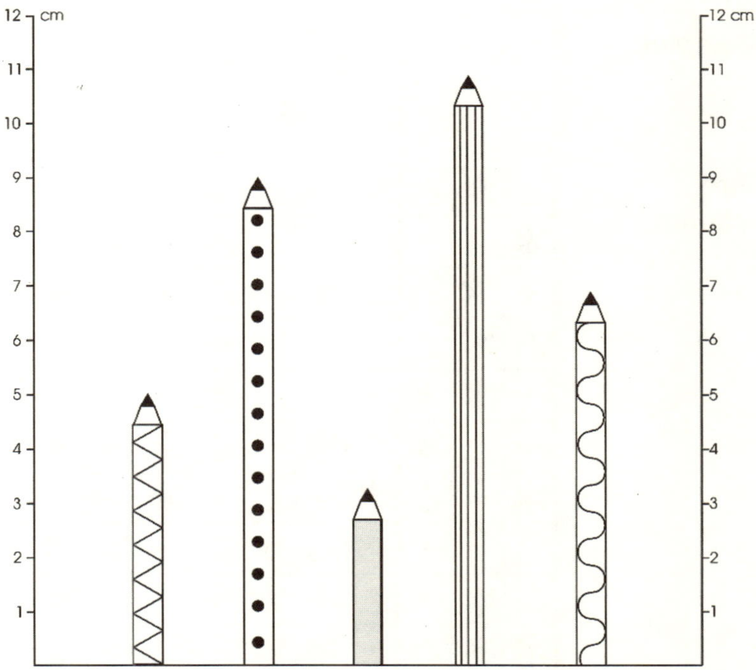

Fahren Sie nun mit der nächsten Übung fort.

35. ÜBUNGSEINHEIT

Übung 2

Ziel dieser Übung:

- **Erhöhung der Aufmerksamkeit**
- **Verbesserung der Wahrnehmungsleistung**

Sie sehen ein Quadrat, welches aus drei verschiedenen Mustern zusammengesetzt ist. Bitte finden Sie die Muster heraus, die in der unten abgebildeten Weise angeordnet sind und verbinden Sie diese miteinander.

Beispiel:

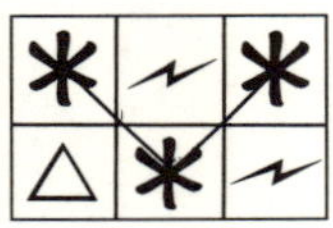

Ihre Übung:

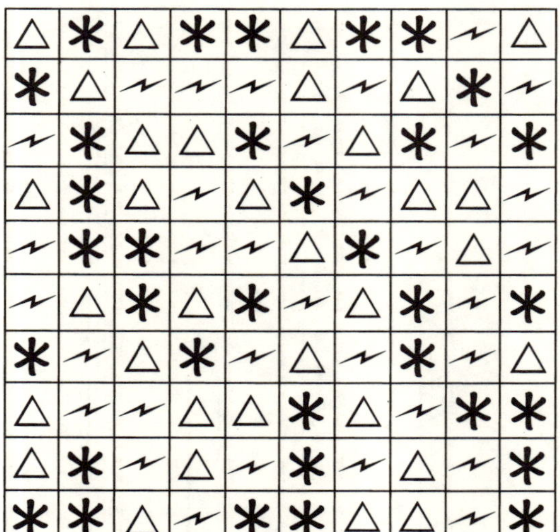

Es sind . . . . . Muster zu finden.

35. ÜBUNGSEINHEIT

Fortsetzung Übung 1

Erinnern Sie sich wie lang die einzelnen Stifte waren? Schreiben Sie die entsprechende Zentimeterzahl unter den dazugehörigen Stift.

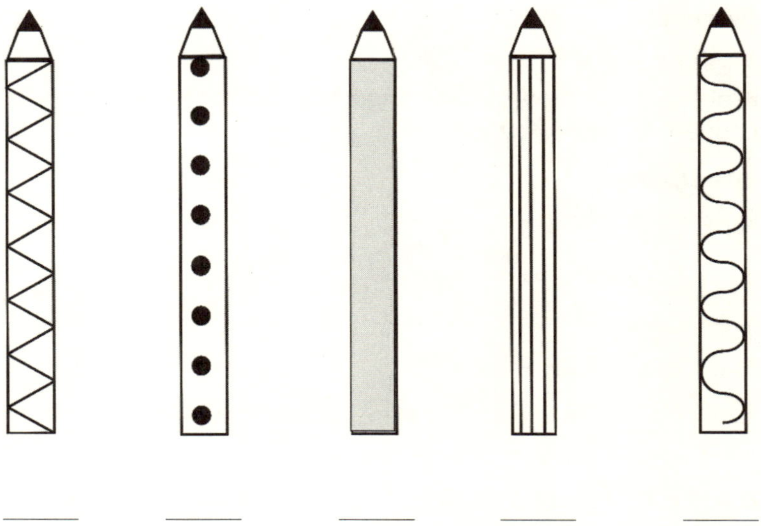

35. ÜBUNGSEINHEIT

Übung 3

Ziel dieser Übung:

- **Erweiterung des Wortschatzes**
- **Anregung der Phantasie**

Genannt werden verschiedene Oberbegriffe, zu welchen Sie eine möglichst große Anzahl von Unterbegriffen finden sollen.

Beispiel:

REPTILIEN
Krokodil, Chamäleon, Echse, Eidechse, Schlange, Salamander, Leguan, Alligator, Kaiman

Ihre Übung:

INSEKTEN

MEERESTIERE

BAUERNHOFTIERE

RAUBTIERE

URWALDTIERE

LÖSUNG

Übung 2

Es sind 8 Muster zu finden

36. ÜBUNGSEINHEIT

Übung 1

Ziel dieser Übung:

- **Kopfrechnen**
- **Erhöhung der Konzentrationsfähigkeit**

Finden Sie aus den folgenden Zahlenreihen jeweils die Zahlen heraus, die sich durch die links stehende Zahl teilen lassen. Unterstreichen Sie die entsprechenden Zahlen.

Beispiel:

Teilbar durch 2: 1 4 5 7 11 12 18 19 21 27 28 32

Ihre Übung:

Teilbar durch 3: 3 5 8 10 12 18 20 27 30 32 38 41

Teilbar durch 4: 6 8 10 18 22 24 30 34 36 42 48 56

Teilbar durch 7: 9 12 16 21 25 28 33 36 42 46 52 58

Teilbar durch 8: 14 16 21 24 30 38 40 46 54 56 64 72

Teilbar durch 11: 13 18 22 33 45 46 68 77 83 86 88 96

Teilbar durch 13: 24 26 33 39 50 52 60 65 76 84 91 102

Teilbar durch 14: 26 30 36 42 48 54 60 70 86 94 104 122

36. ÜBUNGSEINHEIT

Übung 2

Ziel dieser Übung:

- **Wortfindung**
- **Erhöhung der Konzentrationsfähigkeit**

Finden Sie möglichst viele Wörter mit der Vorsilbe »ent-«.

Beispiel:

Entscheidung

Ihre Übung:

36. ÜBUNGSEINHEIT

Übung 3

Ziel dieser Übung:

- **Verbesserung der Wahrnehmungsleistung**
- **Kopfrechnen**

Sie sehen verschiedene Ansammlungen von Geldmünzen mit unterschiedlichen Werten. Bitte versuchen Sie möglichst schnell zu erfassen, um welchen Wert es sich insgesamt handelt und schreiben Sie diesen Wert daneben.

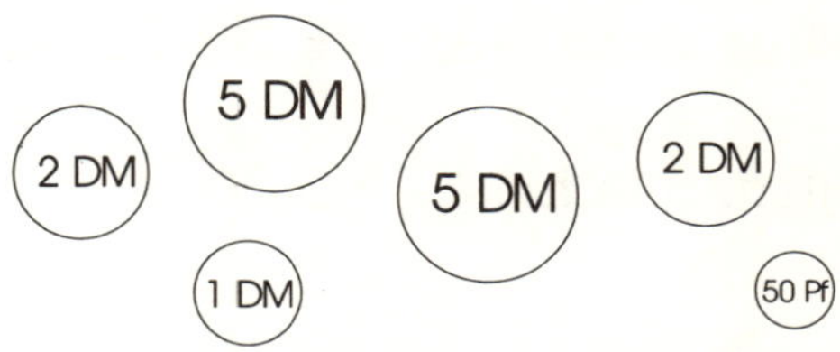

Die Summe beträgt: ______________________

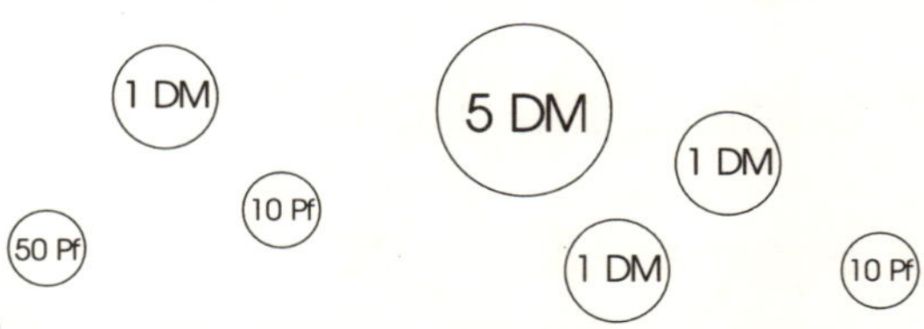

Die Summe beträgt: ______________________

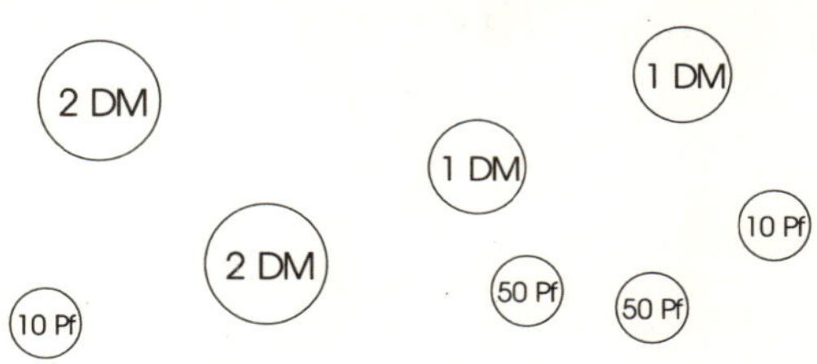

Die Summe beträgt: ______________________

LÖSUNGEN

Übung 1

Teilbar durch 3:	3, 12, 18, 27, 30
Teilbar durch 4:	8, 24, 36, 48, 56
Teilbar durch 7:	21, 28, 42
Teilbar durch 8:	16, 24, 40, 56, 64, 72
Teilbar durch 11:	22, 33, 77, 88
Teilbar durch 13:	26, 39, 52, 65, 91
Teilbar durch 14:	42, 70

Übung 3

1. Summe:	DM	15,50
2. Summe:	DM	8,70
3. Summe:	DM	7,20

37. ÜBUNGSEINHEIT

Übung 1

Ziel dieser Übung:

- **Anregung der Phantasie**
- **Förderung der Kreativität**

Welche Begriffe verbinden Sie mit dem Wort Sommerurlaub? Vielleicht Eiscreme und Meer? Malen Sie alle Begriffe, die Ihnen dazu einfallen.

---

37. ÜBUNGSEINHEIT

Übung 2

Ziel dieser Übung:

- **Verbesserung der Wahrnehmungsleistung**
- **Erhöhung der Aufmerksamkeit**

Zählen Sie auf der folgenden Abbildung, wieviele große und wieviele kleine Motive zu sehen sind.

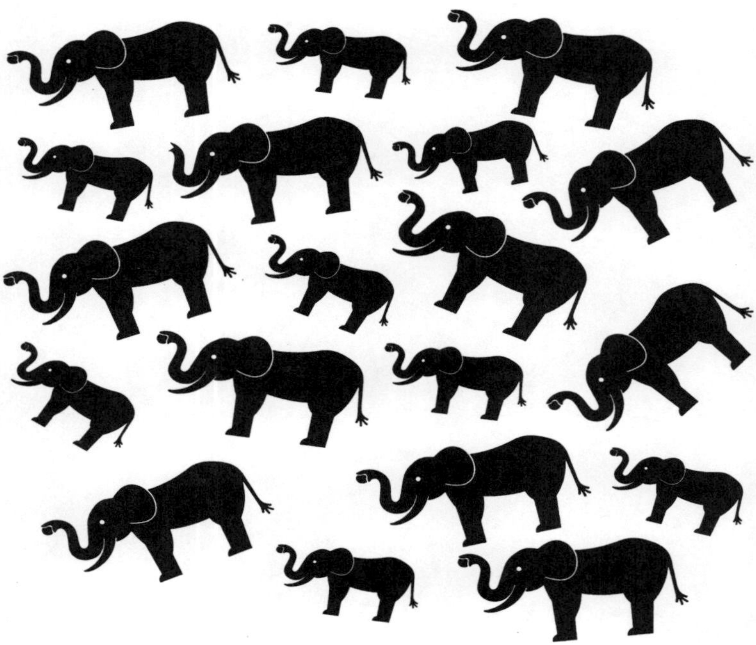

Es sind ________ große und ________ kleine Motive.

37. ÜBUNGSEINHEIT

Übung 3

Ziel dieser Übung:

- **Förderung der Ausdauer**
- **Erhöhung der Konzentrationsfähigkeit**

In dem unten gezeigten Labyrinth befindet sich in der Mitte ein *, welchen Sie erreichen sollten. Viele Wege führen in eine Sackgasse. Versuchen Sie diese zu meiden. Zeichnen Sie den Weg ein, der ohne Hindernis in die Mitte des Labyrinths führt.

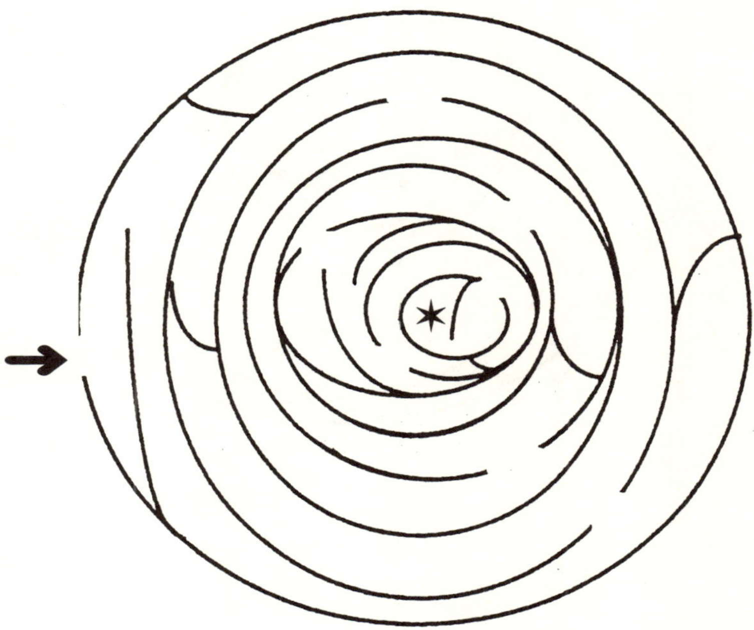

LÖSUNGEN

Übung 2

Es sind 11 große und 8 kleine Motive.

Übung 3

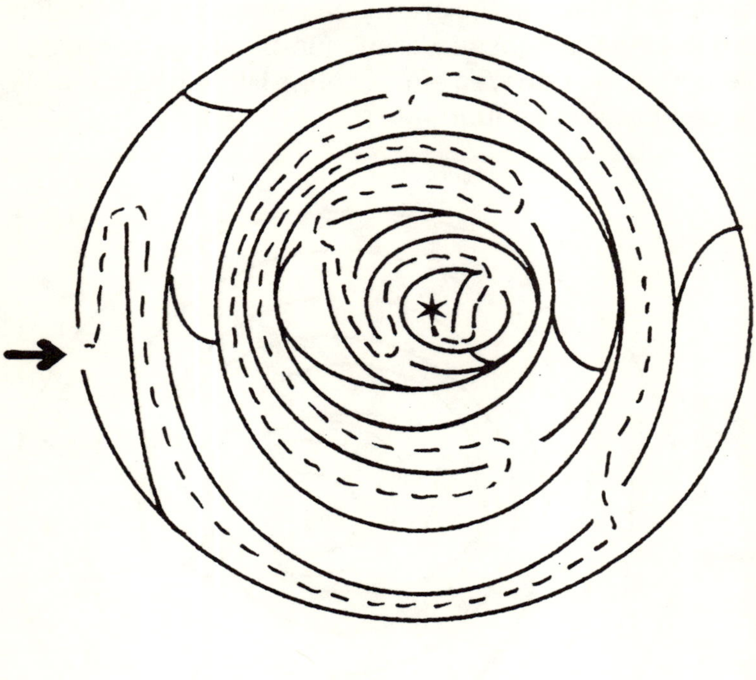

38. ÜBUNGSEINHEIT

Übung 1

Ziel dieser Übung:

- **Kopfrechnen**

Sie sehen nachstehend Dreiergruppen von Zahlen. Bitte unterstreichen Sie die Zahlengruppen, die jeweils zusammengerechnet einen höheren Wert als 15 besitzen.

Beispiel:

274	421	<u>385</u>	171	623

Ihre Übung:

837	135	462	136	761
246	811	324	812	647
343	277	352	812	367
836	724	833	563	735
147	583	217	814	635
534	219	745	348	574
215	815	763	635	537
414	627	824	714	854
524	823	463	163	478
620	839	376	508	758

Es sind ______ Zahlengruppen.

38. ÜBUNGSEINHEIT

Übung 2

Ziel dieser Übung:

- **Verbesserung der Gedächtnisleistung**

Bitte merken Sie sich die folgenden Oberbegriffe mit den dazugehörigen Unterbegriffen. Sie haben 90 Sekunden Zeit, um sich diese Begriffe einzuprägen.

B L U M E				
Rose	Veilchen	Narzisse	Lilie	Maiglöckchen
S T Ä D T E				
Bremen	Kiel	Münster	Hannover	Frankfurt
S P O R T				
Fußball	Reiten	Hockey	Turnen	Gymnastik
W E R K Z E U G				
Hammer	Meißel	Zange	Zollstock	Bohrer

Machen Sie nun mit Übung 3 weiter.

38. ÜBUNGSEINHEIT

Übung 3

Ziel dieser Übung:

- **Logisches Denken**
- **Verbesserung der Wahrnehmungsleistung**

Wieviele Kreise enthält die abgebildete Figur?

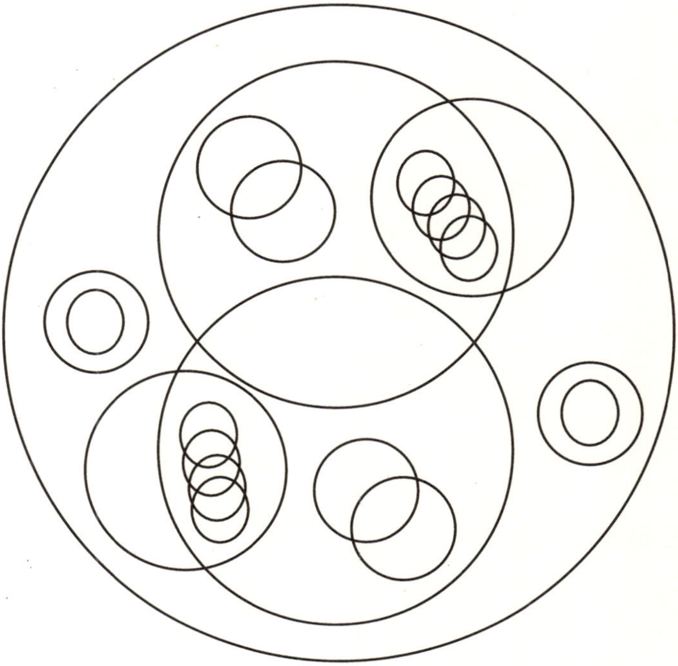

Es sind ______ Kreise.

38. ÜBUNGSEINHEIT

Fortsetzung Übung 2

Nennen Sie nun zu den Oberbegriffen die Unterbegriffe, die Sie in Übung 2 gelernt haben.

BLUME

STÄDTE

SPORT

WERKZEUG

LÖSUNGEN

Übung 1

Es sind 14 Zahlengruppen.

Übung 3

Es sind 21 Kreise.

39. ÜBUNGSEINHEIT

Übung 1

Ziel dieser Übung:

- **Verbesserung der Kombinationsfähigkeit**

Das Buchstabenrechteck bildet ein Sprichwort. Finden Sie dieses Sprichwort heraus, indem Sie die nebeneinanderliegenden oder übereinanderliegenden Buchstaben zu sinnvollen Wörtern aneinanderreihen. Der erste Buchstabe des Anfangswortes ist mit einem * gekennzeichnet.

D*	L	E	T	E	I	N
E	R	T	Z	W	E	
E	D	D	R	I	S	
R	E	R	S	T	E	

Das gesuchte Sprichwort lautet:

---

39. ÜBUNGSEINHEIT

Übung 2

Ziel dieser Übung:

- **Förderung der Kreativität**
- **Anregung der Phantasie**

Sie haben acht »leere« Teppiche vor sich liegen; es fehlen die passenden Muster. Gestalten Sie die Muster der Teppiche nach Ihrem Belieben.

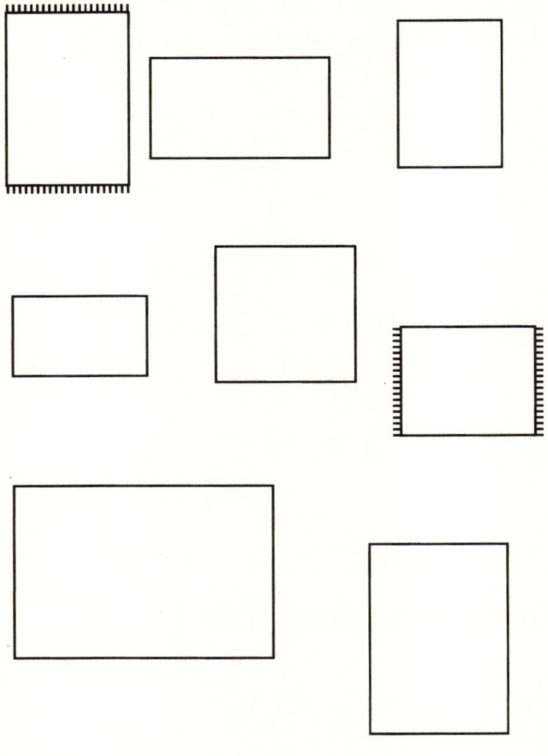

39. ÜBUNGSEINHEIT

Übung 3

Ziel dieser Übung:

- **Verbesserung des Assoziationsvermögens**
- **Anregung der Phantasie**

Welche Wörter fallen Ihnen zu den unten genannten Begriffen spontan ein?

Beispiel:

GRILLPARTY

Würstchen, Salat, Lampions, Holzkohle, Bier, Grillfeuer, Freunde, Musik, Wiese

Ihre Übung:

SCHWIMMBAD

PRÜFUNG

KOCHEN

FRÜHLINGSANFANG

FLUGREISE

LÖSUNG

Übung 1

Das gesuchte Sprichwort lautet:

Der Letzte wird der Erste sein.

40. ÜBUNGSEINHEIT

Übung 1

Ziel dieser Übung:

- **Verbesserung der Gedächtnisleistung**
- **Konzentration auf das Wesentliche**

Prägen Sie sich die folgenden Muster innerhalb von 90 Sekunden gut ein.

1. 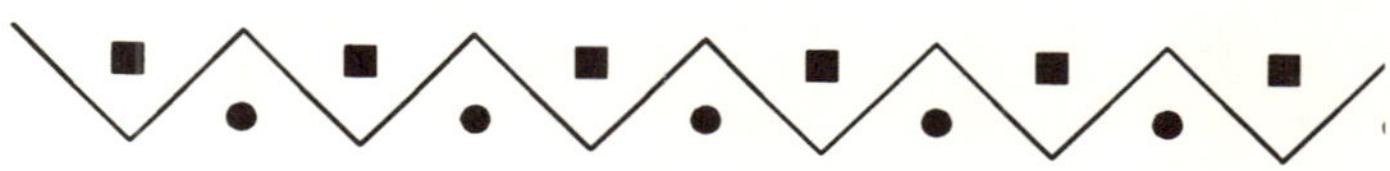

2. 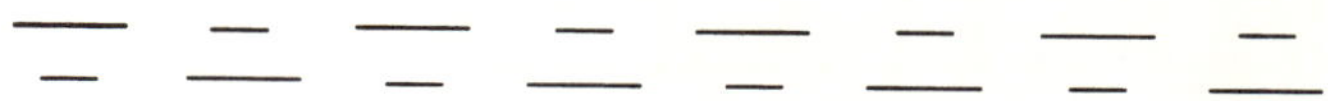

3. 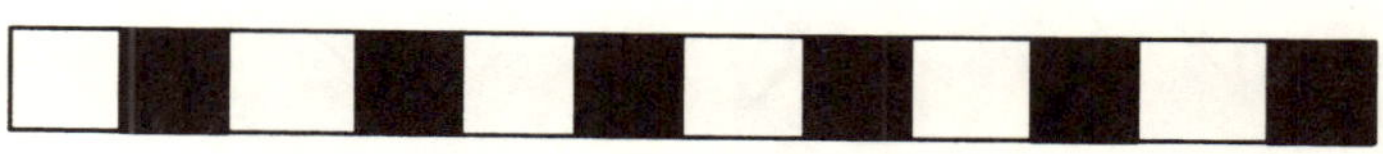

4. 

5. 

40. ÜBUNGSEINHEIT

Fortsetzung Übung 1

Nun ergänzen Sie die nachfolgenden Muster so, wie Sie diese aus Übung 1 kennen.

---

1. 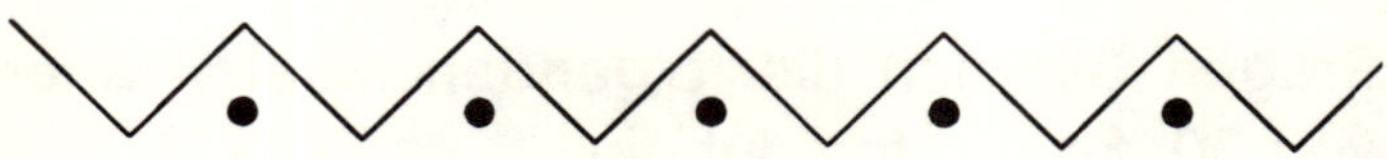

2.

3. 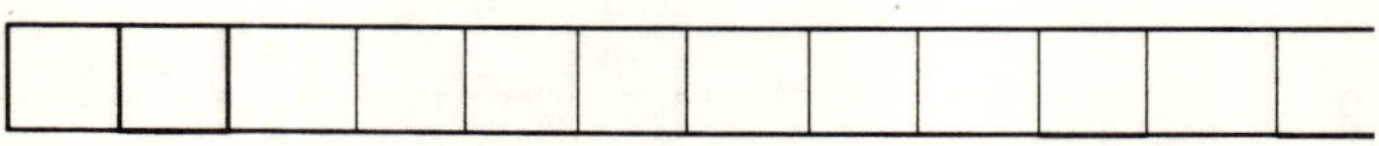

4. 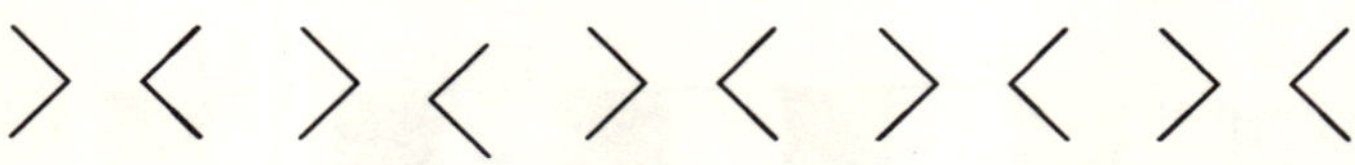

5. 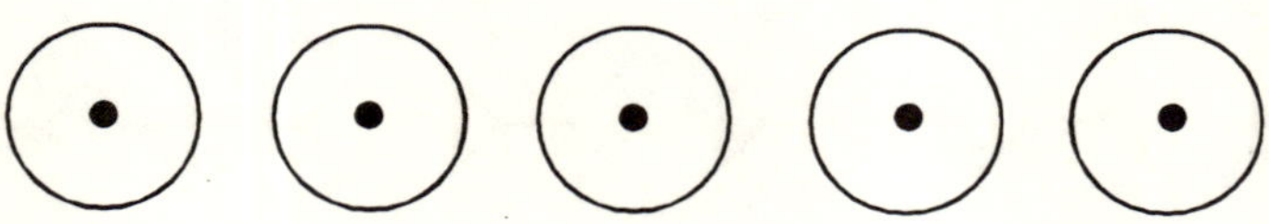

40. ÜBUNGSEINHEIT

Übung 2

Ziel dieser Übung:

- **Erweiterung des Wortschatzes**
- **Kreativität**

Bilden Sie aus den Buchstaben des Wortes

A B E N D S T E R N

möglichst viele andere Wörter. Sie können jeden Buchstaben mehrmals verwenden.

Beispiel:

N A S E

Ihre Übung:

40. ÜBUNGSEINHEIT

Übung 3

Ziel dieser Übung:

- **Konzentration auf das Wesentliche**
- **Verbesserung der Wahrnehmungsleistung**

Suchen Sie die links stehende Zahlenfolge in der vorgegebenen oder umgekehrten Reihenfolge in der Zahlenreihe wieder und unterstreichen Sie diese.

13568	1948019283984939886531028348850384950389
2439	0358523488649453984928301082392439102894
38651	5187638193045894589450338651092384098589

2674	7494505524048986540926832347621203056509
36945	2839808660403495230457994049586369451236
386724	3454724793487323948383867242343964874530

5792	9797239018587012785792783423787539745872
35924	27345778457394237481078347384783592412988
548723	45737134539475485732547445785854872312985

6741	59478545958562345183478745147603482039898
83725	23934898568372502840380456728372729758763
679326	48967892793873847166267932693850209384672

4713	39730745953739745948986989471301302855899
84670	84674954979238279374837846702939854878301
679125	8545845784548576082398679125039056034088

41. ÜBUNGSEINHEIT

Übung 1

Ziel dieser Übung:

- **Logisches Denken**
- **Verbesserung der Kombinationsfähigkeit**

Unterstreichen Sie das Wort an, welches sinngemäß nicht in die Reihe der Wortaufzählungen paßt.

Beispiel:

Flugzeug	Luftballon	Zeppelin	U-Boot

Ihre Übung:

1.	Krebs	Möwe	Auster	Muschel
2.	Tasche	Kiste	Paket	Karton
3.	Ohrring	Kette	Armband	Halstuch
4.	Hammer	Lineal	Zollstock	Zange
5.	Glas	Tasse	Becher	Flasche
6.	Wald	Wiese	See	Feld
7.	Lampe	Kerze	Feuer	Sonne
8.	Treppe	Aufzug	Leiter	Sprossen
9.	Auge	Ohr	Bein	Nase
10.	Zug	Auto	Straßenbahn	Bus

41. ÜBUNGSEINHEIT

Übung 2

Ziel dieser Übung:

- **Verbesserung der Wahrnehmungsleistung**

Verfolgen Sie die Linie mit Ihren Augen von einem Ende zum anderen und wieder zurück. Nehmen Sie jedoch nicht den Finger zur Hilfe.

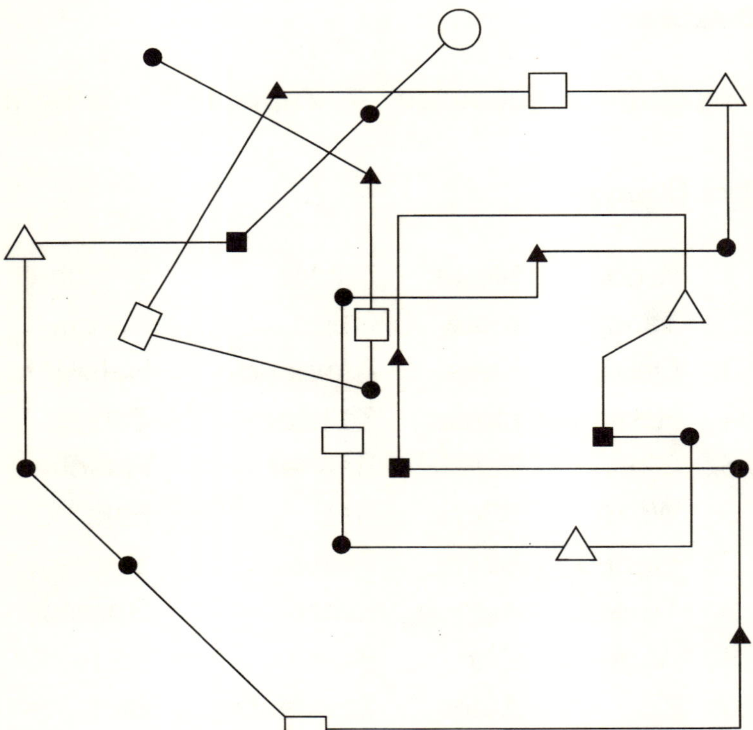

41. ÜBUNGSEINHEIT

Übung 3

Ziel dieser Übung:

- **Konzentration auf das Wesentliche**
- **Verbesserung der Wahrnehmungsleistung**

In den folgenden Buchstabenreihen sind verschiedene Begriffe versteckt. Es können ein oder mehrere Wörter in einer Reihe auftauchen. Bitte unterstreichen Sie die gefundenen Begriffe.

SLFJLEIRUSFADKUREJKDEKRJJAPFELSLKDUFIEURDFERNE
KSURSLUERHWERERHSKLSRGHEIMWEHLSKUERFKFSOER
SKEERUDVNKRDFLAURFABELSKUERKJDURLTRAUMSKDUR
LKLSKUTISMESSERURKCALSIUEROWLSLJDIUFUWRSALJD
FUVHSNFWUNDERIUROWSLIURNBSKUERKIRSCHELSKUSL
DKUURLSJNBHDJURUWKSJJDECKESURINDWLUDORIUOWG
JUUSOUGERÄUSCHWKEUROSKDFJIEURWOWJKSUEIVSUEIR
GHKSJZDRERDEISUERKDJKJGHANDTUCHSLKUERKJGLKSE
UHLUERIUFAKJFRAGEISUOIEROSKSDDURKDNPUNKTSLKE
RULICHTSLKUERZUGLSKUERKGHSASKZEURZUWERTLSKU
ERKDVSAMRUIEXEJFOUERIISDKSLERIUOSFKSKURSLUERG
ZNAGELSIUERLASSUERBSLKUEROWEIRUORWRWEITELE
ITELSKURMEISELSJFIISTOCKUBNZAENJKGOIEPUNTYSWEG

Es sind . . . . . Begriffe.

LÖSUNGEN

Übung 1

1. Möwe
2. Tasche
3. Halstuch
4. Lineal
5. Flasche
6. See
7. Lampe
8. Sprossen
9. Bein
10. Auto

Übung 3

Es sind ingesamt 19 Begriffe, die in der folgenden Reihenfolge zu finden sind:

Apfel, Heimweh, Fabel, Traum, Messer, Wunder, Kirsche, Decke, Rind, Geräusch, Handtuch, Frage, Punkt, Licht, Wert, Nagel, Eitel, Meise, Stock

42. ÜBUNGSEINHEIT

Übung 1

Ziel dieser Übung:

- **Anregung der Phantasie**
- **Förderung der Kreativität**

Sie sehen nachstehend ein abstraktes Bild. Finden Sie 7 verschiedene Titel für diese Abbildung.

42. ÜBUNGSEINHEIT

Übung 2

Ziel dieser Übung:

- **Verbesserung des Assoziationsvermögens**
- **Verbesserung der Gedächtnisleistung**

Prägen Sie sich die nachfolgenden Kombinationen von Eigenschaftswörtern gut ein. Stellen Sie sich zu jedem Wortpaar ein Bild in ihrem Kopf vor, in dem Sie beide Eigenschaften miteinander kombinieren. Wir kommen später wieder auf diese Übung zurück.

Beispiel:

freundlich – klein

Ihr Bild könnte sein: ein freundlich lächelndes kleines Kind

Ihre Übung:

sauer	–	hart
lustig	–	bunt
langsam	–	traurig
mächtig	–	dick
behutsam	–	angenehm
hell	–	gemütlich
ängstlich	–	dunkel
komisch	–	grell
steil	–	schwarz
gerade	–	spitz

42. ÜBUNGSEINHEIT

Übung 3

Ziel dieser Übung:
- **Konzentration auf das Wesentliche**
- **Erhöhung der Aufmerksamkeit**
- **Verbesserung der Wahrnehmungsleistung**

Merken Sie sich die links stehende Buchstabenkombination und vergleichen Sie diese mit den rechts stehenden Buchstabenreihen. Unterstreichen Sie jeweils die gleiche Kombination.

Beispiel:

rsawt   sruafkduiruiiurrsawtslutslaourkatwskurksrsawtskirkd

Ihre Übung:

altwko   slal kro flk sit lsl ker ira ltw kos uer kdl aru ieo wes lur ksop
hjnird   slf uer uiw rsa lsf our sdd hjn ird ls urs ndf wer zhj nir dl skur
nbipes   eorjjsdjfiuuwernmloisskurndhwerzusnbipesnbipeskdu

hnvtow   lsueroifshiwerhnvtowlkduiutuhnvtowlaurerhjhnvtowdk
urcbnl   slurcbnlerowkdurcbnlskuseirhduskutiuweirurcbnlsiut
acjopi   iwo ero skd jcj oss eur acj opi slk uta lkd fia cjo pis kj row eih

bmiuzt   aluweornviuwerbmiuztlaueirbmiuztlauriuibbmiuztsurg
ncdeop   aliuiernvjlhiwerdncdeopsleurindceopsouirtncdeopskj
gnvowe   sdgnvowesluergvhshiruiourglpowelairgnvkseursllsiut

jnbrow   slurjfsuouerejnbnoweurjnbrowlskuerjnbrowskutiudjnr
hvcgio   lsueoighskhaizeirhvcgiosluerougshhvcgiosluerhgiun
xioers   als uok fjs kxi oer slu asl itu weö pux ioe rsl ua iot uis kd fier

klatzv   asiw eur slj fio uer kla tzv lsi utk lat zvs lau tuo kla tzv slur
nvuiod   lueorwrzfdrzdnierufjlenudpwoernbunvkuierunvuiodwe
hnxceb   luoeruosdziwrahskhdjdfhkaöourhnxceblsiuthnxceblsi

42. ÜBUNGSEINHEIT

Fortsetzung Übung 2

Ergänzen Sie nun das fehlende Eigenschaftswort, indem Sie sich die Bilder wieder ins Gedächtnis zurückrufen.

---

lustig –
hell –
schwarz –
sauer –
traurig –
spitz –
grell –
ängstlich –
behutsam –
dick –

Das Bild auf Seite 241 stammt von Max Ernst, *Lediger Baum und vermählte Bäume*, Sammlung Thyssen-Bornemisza, Lugano

NACHWORT

Haben Ihnen diese Übungen Spaß gemacht? Dann bleiben Sie am Ball!
Dieses 6-Wochen-Programm war ein geeigneter Einstieg in ein regelmäßiges, dauerhaftes Gehirntraining. Ich möchte Sie ermuntern mit unseren Fortsetzungsprogrammen, die in regelmäßigen Abständen erscheinen werden, fortzufahren. Denn nur der kontinuierliche Gebrauch aller Gehirnbereiche bringt den langanhaltenden Erfolg.
Neu entwickelte Übungen bieten eine abwechslungsreiche, anregende Herausforderung für alle, die ihr geistiges Befinden positiv beeinflussen möchten.

LITERATURNACHWEIS

- AOK - Infothek gesund (Hrsg.). Das Gehirn - Glänzende Möglichkeiten, 1991.

- Beyer, Günther.
  Gedächtnis-Training. Humbolt Taschenbuchverlag. München 1977.

- Deutsche Zentrale für Volksgesundheitspflege e. V. Frankfurt am Main (Hrsg.). Geistig fit bis ins hohe Alter. Frankfurt 1992.

- Dickreiter, Bernd. Altern und Gehirn. In: Geistig Fit 2/92 Gesellschaft für Gehirntraining (Hrsg.). Vless Verlag. Ebersberg 1992. S. 6-7

- Fleischmann, U. M. Gedächtnistraining im Alter. Multivariate Analysen zum Gedächtnistraining alter Menschen.
  Verlag Hans Huber. Bern/Stuttgart/Toronto 1989.

- Füsgen, I. Hirnleistungsstörungen im Alter - eine Herausforderung für alle. In: Aktiv im Alter 3/93. Deutsche Seniorenliga e. V. (Hrsg.). Verlag Kommunikationsberatung Bonn, S. 6-10.

- Kuhn, Monika; Doll, Brigitte; Völker, Martin. Gedächtnistraining. Kuratorium Deutsche Altershilfe (Hrsg.). Köln 1992.

- Lehrl, Siegfried; Fischer, Bernd. Selber Denken macht fit. Grundlagen und Anleitung zum Gehirn-Jogging. Vless Verlag. Ebersberg 1990.

- Lehrl, Siegfried; Fischer, Bernd; Lehrl, Maria. GeJo-Leitfaden. Ein Überblick über Gerhirn-Jogging – Grundlagen und Anwendungen. Vless Verlag. Ebersberg 1990.

- Medididac-Institut und Verlag für Fortbildung im Gesundheitswesen. Demenz – die Herausforderung der Zukunft. Wie erkennen? Wie behandeln? Medididac Verlag.

- Sacks, Oliver. Der Mann, der seine Frau mit einem Hut verwechselte. Rowohlt-Verlag, Reinbek bei Hamburg 1987.

- Stengel, Franziska. Gedächtnis spielend trainieren. Memo-Verlag Ladner. Stuttgart 1993.

ADRESSENVERZEICHNIS

- Bundesministerium für Familie und Senioren
  Postfach 120 609
  53048 Bonn
  Tel.: 0228/306-0
  Versendung von Broschüren und Informationsunterlagen

- Bundeszentrale für gesundheitliche Aufklärung
  Postfach 910 152
  51071 Köln
  Tel.: 0221/8 99 21
  Auskünfte über Gesundheitsfragen

- Bundeszentrale der Alten- und Selbsthilfegruppen
  Mülheimer Straße 210
  51469 Bergisch Gladbach
  Tel.: 02202/5 58 07
  Hilfsdienste

- Senioren-Schutz-Bund »Graue Panther« e. V.
  Dönberger Straße 92
  42111 Wuppertal
  Tel.: 0202/70 10 03
  Hilfsdienste, Interessenvertretung für Senioren

- Memory Klinik Essen
  Haus Berge
  Germania-Straße 3
  45356 Essen
  Tel.: 0201/6 31 11 33
  Diagnostische und therapeutische Betreuung von Patienten mit Hirnleistungsstörungen

- Deutsche Seniorenliga e. V.
  Fontanestraße 14
  53173 Bonn
  Tel.: 0228/35 50 31
  Information und Aufklärung, Interessenvertretung für Senioren

- Kantonspital Basel
  Gerontologische Beratungsstelle
  CH-4031 Basel
  Tel.: 0041/61/2 65 25 25
  Diagnostische und therapeutische Betreuung von Patienten mit Hirnleistungsstörungen

- Deutsches Zentrum für Altersfragen e. V.
  Manfred-von-Richthofen-Straße 2
  12101 Berlin
  Tel.: 030/7 86 60 71
  Sammel- und Auswertungsstelle für gerontologische Informationen

- Kuratorium Deutsche Altershilfe e. V.
  Wilhelmine-Lübke-Stiftung
  An der Pauluskirche 3
  50677 Köln
  Tel.: 0221/31 30 71
  Kontaktstelle für sämtliche Belange der Altenhilfe / -arbeit

- Deutsche Gesellschaft für Gerontologie u. Geriatrie
  c/o: Stiftung Rehabilitation Heidelberg
  Postfach 10 14 09
  69004 Heidelberg
  Tel.: 06221/88 32 58
  Die DGG ist ein Forum für Wissenschaftler und Praktiker der Altenarbeit

Notizen

Notizen

Gisela Baller

Geistig fit ins Alter

Spielerische Gedächtnisübungen zum Erhalt der geistigen Beweglichkeit

Gruppenübungen

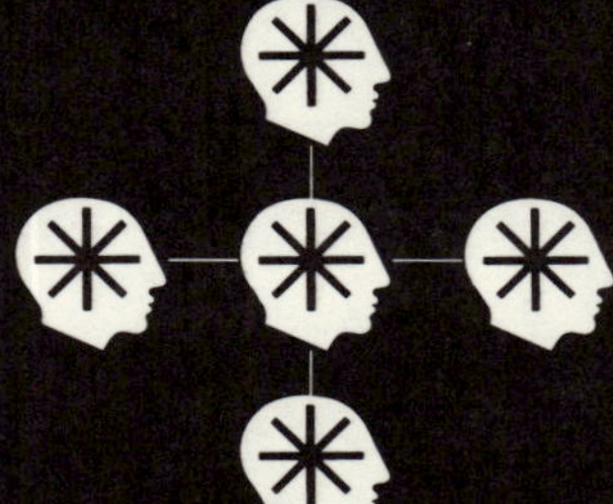

Senioren Verlag

Senioren
Wohnungen
in Deutschland
Anschriften ❀ Ausstattung ❀ Lage ❀ Leistungen
❀ Seniorenresidenzen ❀ Seniorenstifte
Seniorenwohnungen ❀ Betreutes Wohnen
Senioren Verlag
1995/96